U0489017

中国国家博物馆
历史文化系列丛书

瑞虎佑安

二〇二二新春展

主编 王春法

北京时代华文书局

中国国家博物馆
NATIONAL MUSEUM OF CHINA

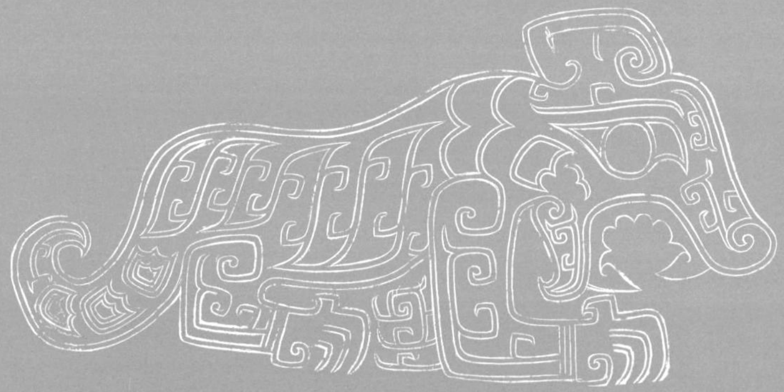

中国国家博物馆历史文化系列丛书

瑞虎佑安
二〇二二新春展

编辑委员会

主　　编：王春法
副 主 编：单　威
执行主编：刘万鸣
编　　委：王春法　单　威　陈成军　冯靖英
　　　　　古建东　刘万鸣　丁鹏勃　陈　莉

中国国家博物馆图录编辑团队

项目统筹：胡　妍　高秀清
内容设计：高秀清　栗河冰　卢　宇
编　　辑：栗河冰　卢　宇
编　　务：傅嘉伟　孙　祥　方霂樕　陈　凯
撰　　稿：张润平　朱万章　高秀清　栗河冰
　　　　　卢　宇　孙　祥　苏　强　杨　扬
　　　　　毕　海　陈　凯　鲍丽娟　意　如
　　　　　穆瑞凤　郭　青　徐小蕾　牛漫青
　　　　　李　墨　方霂樕　连洁茜
封面设计：孙凤群　郭　青
版式设计：郭　青　孙凤群
摄　　影：王　川　吕潇婷　苑　雯　李　洋　邱晓昕

中国国家博物馆 历史文化系列丛书

瑞虎佑安 二〇二二新春展

中国国家博物馆展览团队

学 术 顾 问：刘万鸣　张润平
策 展 人：高秀清
内 容 设 计：卢　宇　栗河冰
展 陈 设 计：孙　祥　郭　青　方霖樉
　　　　　　连洁茜　李　墨　卫端晴
策 展 助 理：傅嘉伟
展 品 点 交：栗河冰　卢　宇　傅嘉伟
　　　　　　陈卫倩　崔子玥
藏 品 保 障：刘潇然
展 览 协 调：陈　凯
布 展 协 助：廉成海　王　浩　蔡利涛
新 闻 宣 传：胡丹雅
多 媒 体 支 持：李华新　邓　帅　张雪娇
国 际 联 络 部：金　燕　陈一祎
安 全 保 障：赵　泽
设 备 保 障：马　征
后 勤 保 障：王著群

前　言

王春法

中国国家博物馆馆长

　　阳和布气，春润北窗。在壬寅虎年即将到来之际，中国国家博物馆精心遴选数十件与虎有关的馆藏文物，以及与"新春"主题有关的作品，举办"瑞虎佑安——二〇二二新春展"，从信仰礼制、历史文化、艺术生活等方面系统展示与虎有关的历史、文化和节俗信仰，营造欢庆虎年新春的祥和氛围，呈现中华民族优秀的传统文化和丰富的精神底蕴。

　　虎的形象勇猛威武，常被视为强大力量的象征，很早即为古代先民所崇拜、信仰。在斗转星移的悠悠岁月中，虎从山林走进人类的生活，其形象出现在庄严庙堂，出现在文人书房，也出现在日用器物上；虎的文化内涵也随之不断丰富，《易》中的"大人虎变"、武王伐纣的"虎贲三千"、"四象"之中的"白虎"等典故和文化阐释，彰显了虎在人们心中独特的地位。虎象征着威严和力量，是镇恶辟邪的瑞兽，所以在文学作品里，既有"气吞万里如虎"的豪情万丈，也有"白虎摇瑟凤吹笙"的神逸潇洒。作为十二生肖之一，虎代表强健、勇猛、威风凛凛、活力四射等品质，为人们所喜爱和称颂。直至今日，虎的形象在中国人的生活中仍然处处可见，寄托着人们对生命力量的赞美和对幸福生活的向往。

　　本次展览展出的馆藏展品上起商代，下迄21世纪初，品类丰富，涵盖了铜器、玉器、陶瓷、丝织、书法、绘画等多种形态的物质文化遗存，反映出中华民族源远流长、延绵不绝的虎文化和迎春、庆春的节令文化。其中，商代的青玉虎佩，简洁生动，彰显远古之美；西周的虎鎣（yíng），端庄典雅，贵为礼仪重器；西汉的堂阳侯虎符，古朴精巧，是征调兵将的凭证。以虎为造型和图案的各种金玉铜瓦器物，既富有实用功能，又颇具审美价值，装点着人们的日常生活；描绘时令的书画、瓷器，承载着古人对新春的期待和情感寄托；以虎为主题的艺术作品，则表现出人们对旺盛生命力的赞美。展览还展出了多件当代艺术家创作的新春楹联和书画作品，以展现时代新章和对新春的美好寄愿。

习近平总书记明确指出，要"深入挖掘中华优秀传统文化蕴含的思想观念、人文精神、道德规范，结合时代要求继承创新，让中华文化展现出永久魅力和时代风采"。衷心希望本次展览能够引导广大观众品味中华民族始自史前绵延不断的文化积淀，领略中华文化历久弥新的灿然光彩，深入了解中华传统文化的博大精深，充分吸收中华优秀传统文化的丰厚养分，涵养家国情怀，坚定文化自信，推动中华优秀传统文化的创造性转化和创新性发展。

Prologue

Wang Chunfa

Director of the National Museum of China

With the Year of the Tiger approaching, the National Museum of China is launching *The Tiger as Talisman: 2022 Chinese New Year Exhibition*, a meticulous, wide-ranging selection of artifacts and artworks that showcase the motif of the tiger in Chinese culture, history and art. In addition to being a celebration of the Chinese New Year, it is a chance to present the exquisite traditional culture and rich heritage of the Chinese civilization.

The brave and mighty image of the tiger is often regarded as a symbol of strength. As such, it has long been worshipped by the ancients as a tribal totem. After descending from the mountains and entering human spaces, the tiger motif started to appear more frequently in places of worship and study, as well as on daily utensils, which continuously enriched its cultural significance. Its allusions and cultural interpretations have demonstrated the increasingly important status of tigers in the hearts and minds of the Chinese people. In the *Book of Changes* it is written that, "The great man produces his changes like the changing of the tiger's stripes change". Historical documents speak of three thousand "tiger runners", or elite palace guards, on account of their bravery, who helped the King Wu of Zhou dynasty defeat the last king of Shang. "White Tiger" is the name given to one of the four symbols of the Chinese constellations. The tiger is also seen as an auspicious animal that fights against evils with its majesty and strength. As one of the twelve Chinese zodiac animals, the tiger represents qualities like strength, courage, majesty and vitality. To this day, the image of the tiger is seen everywhere in the lives of the Chinese people, symbolizing their praise for the power of life and the yearning for happiness.

The collections of this exhibition date from the Shang dynasty (c. 16th–11th centuries BC) to the beginning of the 21st century. Diverse in genre, they span various mediums, from bronze, jade, ceramics and silk, to calligraphy and painting, demonstrating the time-honored tradition of the tiger motif in Chinese culture and history. Among these items, the greenish-jade ornament carved in the shape of tiger from the Shang dynasty is simple yet eye-catching, and highlight the beauty of ancient culture. The bronze *ying* (water container) with of the Western Zhou period (c. 11th century – 771 BCE) is dignified and elegant in design, revealing its important role as a ceremonial vessel. The tiger-shaped tally with the inscription "Marquis of Tangyang" of the Western Han dynasty (202 BCE – 8CE) is exquisite despite its primitive simplicity, being a warrant to move troop. Various kinds of gold, jade, bronze and pottery objects with tiger motifs have both practical and aesthetic purposes, and add color to the daily life of the people. Seasonal paintings, calligraphy, and porcelain reflect the anticipation and emotional sustenance of the ancients for the Chinese New Year. The exhibition also displays a range of paintings and calligraphic works by contemporary artists to celebrate the New Year and mark a new chapter of the times.

General Secretary Xi Jinping stated clearly that "we will draw on China's fine traditional culture, keep alive and develop its vision, concepts, values, and moral norms, and do so in a way that responds to the all of our era. With this we will see that Chinese culture maintains its appeal and evolves with the time". It is hoped that this exhibition can guide the audiences in appreciating the culture of the Chinese people that has continuously evolved since prehistoric times. The aim is to promote the creative transformation and innovative development of the traditional culture of China in all its splendor.

目录

瑞虎佑安——二○二二新春展／馆藏展品

001 青玉虎	14
002 青铜虎鎣	15
003 虎纹圆形金牌饰	18
004 错银"堂阳侯"虎符	20
005 错金"邓市臣"铜卧虎	23
006 错金银虎形带钩	25
007 龙虎纹"长宜子孙"青铜镜	26
008 青白玉虎	27
009 卧虎形青铜镇	29
010 双虎纹青铜印	30
011 白虎纹瓦当	31
012 镂空龙虎纹投壶	32
013 鎏金卧虎饰件	34
014 白玉虎形饰件	35
015 黄釉黑彩题诗虎枕	36
016 白釉黑彩鸿雁树木纹虎枕	38
017 虎纹柞树玉带銙	40
018 青白玉镂雕柞树虎纹饰件	41
019 白玉虎首纹带銙	42
020 青玉马首虎纹带钩	43
021 行书七律诗扇面	44
022 青白玉镂雕虎纹佩	46
023 伏虎童子玉雕	47
024 《荒崖乳虎图》轴	48
025 霁红釉梅瓶	50
026 青玉龙虎纹牌	52

027 白玉"天官赐福"佩	53
028 青花福禄万代纹橄榄瓶	54
029 粉彩岁朝图碟	56
030 缂丝七言联	58
031 釉里红花果纹葫芦瓶	60
032 粉彩花卉纹瓶	62
033 皇朝礼器图	64
034 粉彩描金婴戏图四螭耳尊	66
035 《双色梅花图》扇面	68
036 白描罗汉图	70
037 梨花春燕图	74
038 《虎》轴	76
039 《山村雪景图》扇面	78
040 《婴戏图》轴	80
041 "慎德堂"款粉彩婴戏图盘	82
042 《梅花水仙》扇面	84
043 粉彩灯景平安如意图碗	86
044 白玉虎纹扳指	87
045 内青花外黄地粉彩三羊开泰纹碗	88
046 白玉兽面纹钺形佩	90
047 草书"虎"轴	92
048 白玉虎纹鼻烟壶	93
049 彩绣岁朝清供图	94
050 《梅鹊图》轴	96
051 《东北虎》特种邮票	98
052 《十二生肖》剪纸	99
053 《伏虎罗汉》瓷塑	100
054 《雄威舞骤雪》粉彩瓷盘	101

瑞虎佑安——二〇二二新春展 / 书画家作品（以姓氏笔画排序）

055　山君闲逸　刘万鸣（特约画家）……………104
056　春联　刘万鸣（特约画家）…………………108
057　望帝春心托杜鹃　马硕山……………………110
058　春风三月绿芭蕉　马硕山……………………112
059　百合忘忧草　马硕山…………………………113
060　铁干铜皮耐风雪　马硕山……………………114
061　红了樱桃，绿了芭蕉　马硕山………………115
062　杨巨源《城东早春》诗　王高升…………116
063　春联　王高升…………………………………118
064　春联　王高升…………………………………119
065　高克恭诗意图　石峰…………………………120
066　胸中丘壑　石峰………………………………122
067　王维诗意图　石峰……………………………123
068　松吟万壑　石峰………………………………124
069　翁方纲诗意图　石峰…………………………125
070　钟馗迎春图　李文秋…………………………126
071　陶渊明《桃花源记》　杨军………………128
072　李白《送孟浩然》诗　杨军…………………130
073　毛泽东《卜算子·咏梅》词　杨军…………131
074　苏轼《前赤壁赋》　杨军…………………132
075　春联　杨军……………………………………134
076　春联　杨军……………………………………135
077　迎春　罗翔……………………………………136
078　松柏延年　胡妍………………………………138
079　笛韵　赵建军…………………………………142
080　溪源虎啸图　赵建军…………………………143
081　清净世界　赵建军……………………………144
082　福寿图　赵建军………………………………145
083　喜春图　赵建军………………………………146
084　鲁迅《答客诮》　高秀清……………………148
085　春联　高秀清…………………………………150
086　春联　晁岱双…………………………………152
087　春联　晁岱双…………………………………154
088　春联　晏晓斐…………………………………156
089　春联　晏晓斐…………………………………158
090　秋荷　崔东湑…………………………………161
091　融冬迎春图　崔东湑…………………………162
092　高原春色　崔东湑……………………………163
093　黄土高原上迎春雪　崔东湑…………………164
094　贺兰山上中国红　崔东湑……………………165
095　"紫乔凝烟"之一　熊广琴……………………166
096　"紫乔凝烟"之二　熊广琴……………………168
097　"紫乔凝烟"之三　熊广琴……………………169
098　"紫乔凝烟"之四　熊广琴……………………170
099　"紫乔凝烟"之五　熊广琴……………………171
100　猛虎半日闲　谭斐……………………………172

"瑞虎佑安"展文物撷英　张润平………………175

马负图艺事行迹考辨
　　兼谈其《荒崖乳虎图》　朱万章……………185

文化背后的中国虎文化　栗河冰………………199

关于新春展空间设计的思考
　　以中国国家博物馆"瑞虎佑安
　　——二〇二二新春展"为例　孙　祥…………203

"瑞虎佑安——二〇二二新春展"
　　视觉体验设计创新　郭　青……………………215

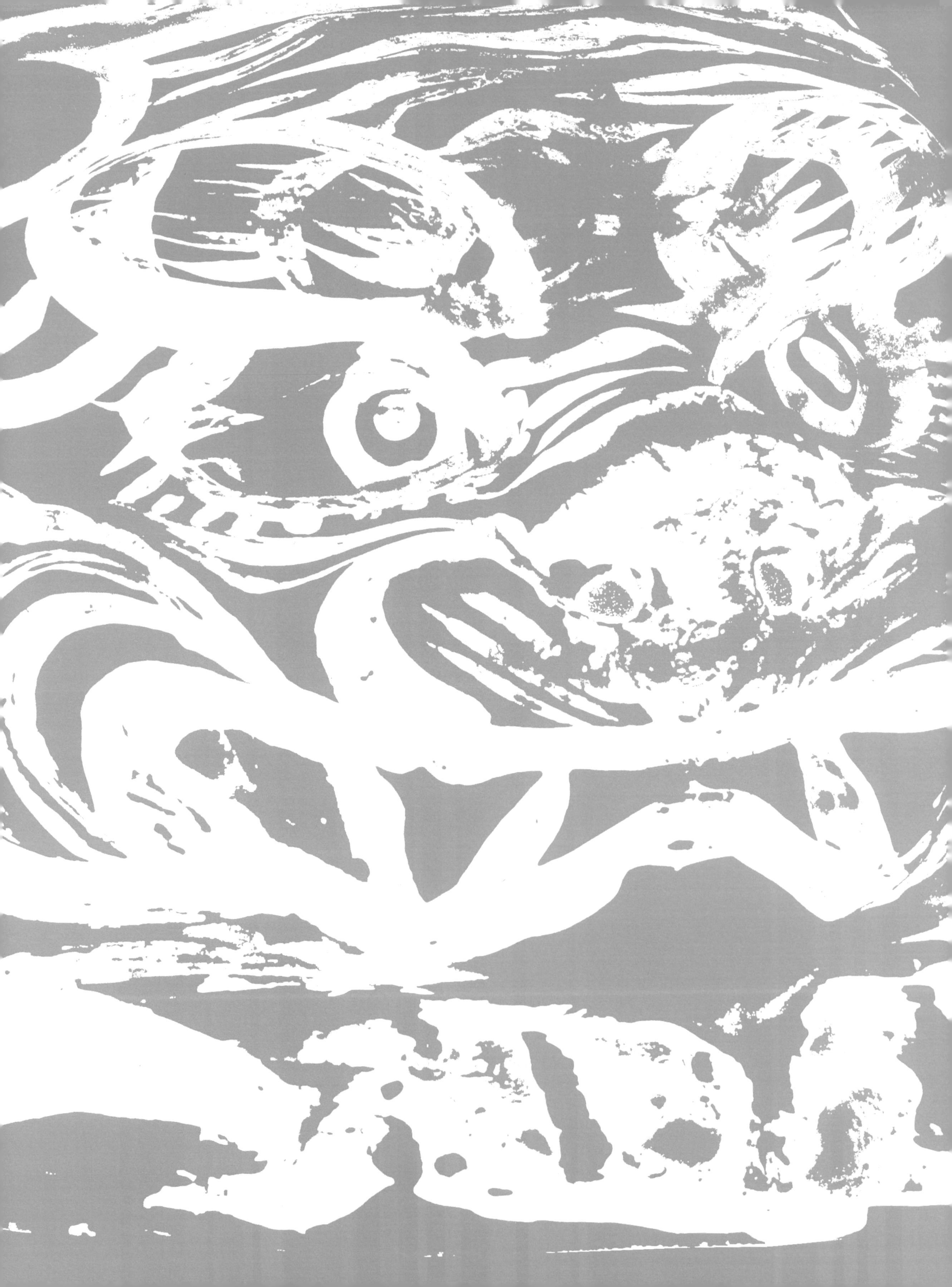

瑞虎佑安

二〇二二 新春展

馆藏展品

001

青玉虎

商
长5厘米，高2.3厘米

青玉，片雕。虎身光素，尾部上扬，虎口处有一圆形穿孔可供系佩。虎形佩在商代晚期颇为盛行。商代玉工手法概括，不刻意于形体细部的刻画，而将虎表现得明快简洁。

Green Jade Tiger

Shang dynasty
L. 5cm, H. 2.3cm

The item is a piece of green jade carved in the shape of a tiger with a luminous body, raised tail and circular hole bored into the mouth with which to thread a band. Tiger-shaped ornaments worn as pendants were quite popular in the late Shang dynasty. Typical of the period, the image of the tiger is depicted in a simple yet lively style.

瑞虎佑安——二〇二二新春展
THE TIGER AS TALISMAN: 2022 CHINESE NEW YEAR EXHIBITION

002

青铜虎鎣

西周
长 35 厘米，高 26 厘米，口径 12.6 厘米

此器折肩罐腹、錾塑龙首、顶加饰虎纹，盖顶踞一虎身龙尾兽。因流管饰卧虎形象，顶盖内铸有"自作供鎣"铭文，故称"虎鎣"，可能为祭祀、宴飨等典仪中用器。

Bronze *Ying* (water container) with a Tiger

Western Zhou dynasty
L. 35cm, H. 26cm, Diam. of mouth 12.6cm

This is a bent-shoulder vessel with a jar-shaped body and dragon-head handles. Its tip is decorated with a tiger design, the lid a creature with a tiger's body and dragon's tail. Its name "Tiger *Ying*" derives from the crouching-tiger shape of the spout; the vessel may have been used in ceremonies and feasting rituals.

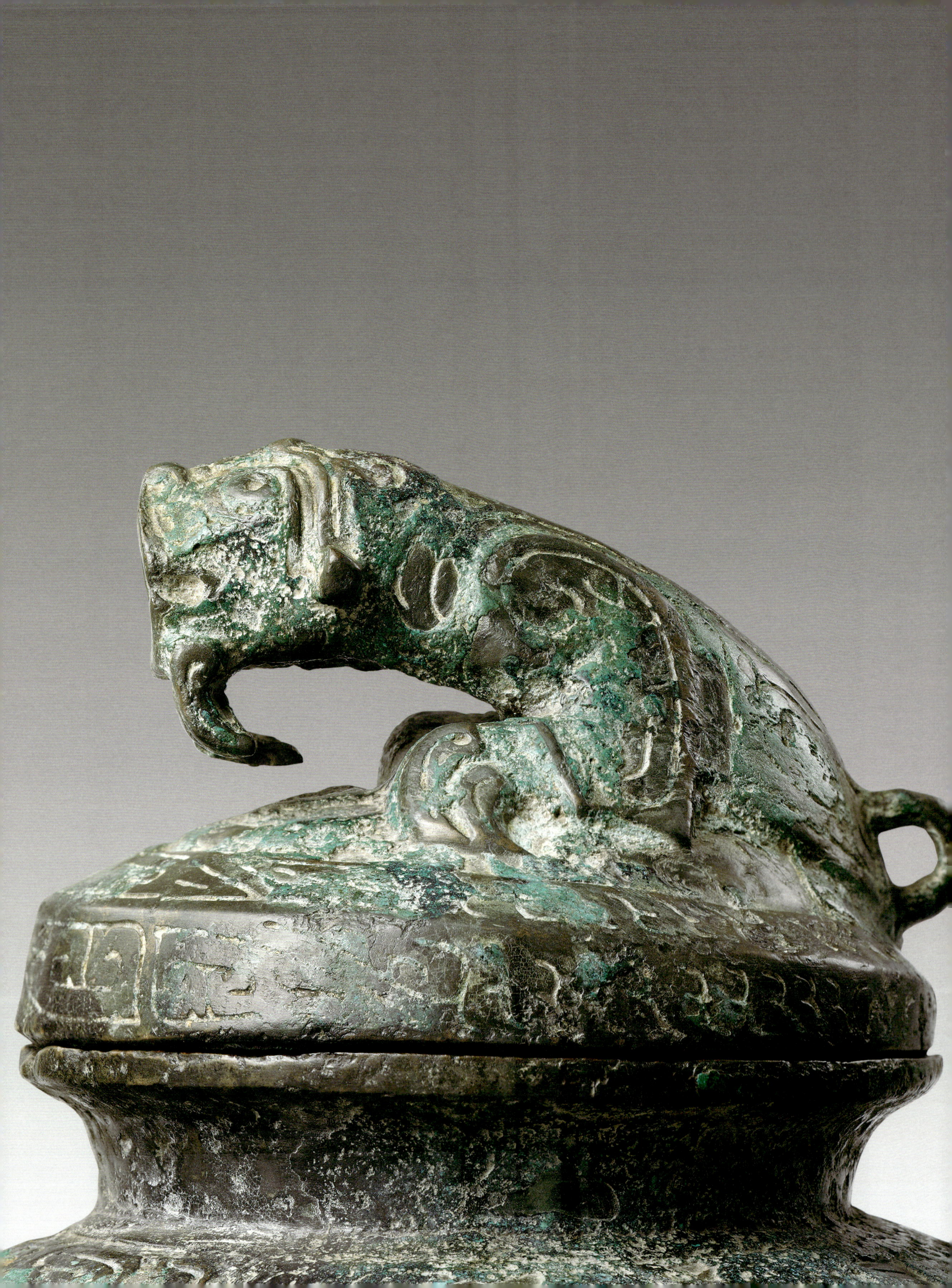

瑞虎佑安——二〇二二新春展
THE TIGER AS TALISMAN: 2022 CHINESE NEW YEAR EXHIBITION

003

虎纹圆形金牌饰

西汉

直径 5.3 厘米

这片虎形牌饰由圆形金片压模而成，塑造出一只老虎的形象，工艺成熟，纹饰清晰。虎的身体呈半浮雕状，头颅高昂，饰有飞翼，后股反转，构成一个圆形，带有典型的中、西亚游牧民族装饰风格。

Round Golden Plaque Ornament with Tiger Design

Western Han dynasty

Diam. 5.3cm

This plaque ornament, which has been formed from a press-molded gold sheet, features sophisticated craftsmanship and clear patterning. The tiger's body is revealed in semi-bas-relief with decorative wings and reversed back legs. It is curled into a ball, retaining classic Central and Western Asian nomadic decorative styles.

瑞虎佑安——二〇二二新春展
THE TIGER AS TALISMAN: 2022 CHINESE NEW YEAR EXHIBITION

004
错银 "堂阳侯" 虎符

西汉
通高 2.5 厘米，通长 7.9 厘米

虎符为古代调兵信物，分为左右两半，中央与统帅各持半符。调发军队时需持符验对，符合才能出兵。堂阳侯是汉高帝刘邦封给功臣孙赤的爵位。这枚虎符背部有工整的错银铭文，剖面构造清晰，保存几近完好。

Silver-inlaid Tiger-shaped Tally with Inscription "Marquis of Tangyang"

Western Han dynasty
H. 2.5cm, L. 7.9cm

The tiger-shaped tally was an ancient token of authentication used in troop deployment, with one half held by the central government and the other half held by the general. The tally was to be presented for matching verification when deploying troops — no match and the army could not set out. The tally here was most likely used by Sun Chi, Marquis of Tangyang in the early Western Han. The character carving is neat and nearly perfectly preserved.

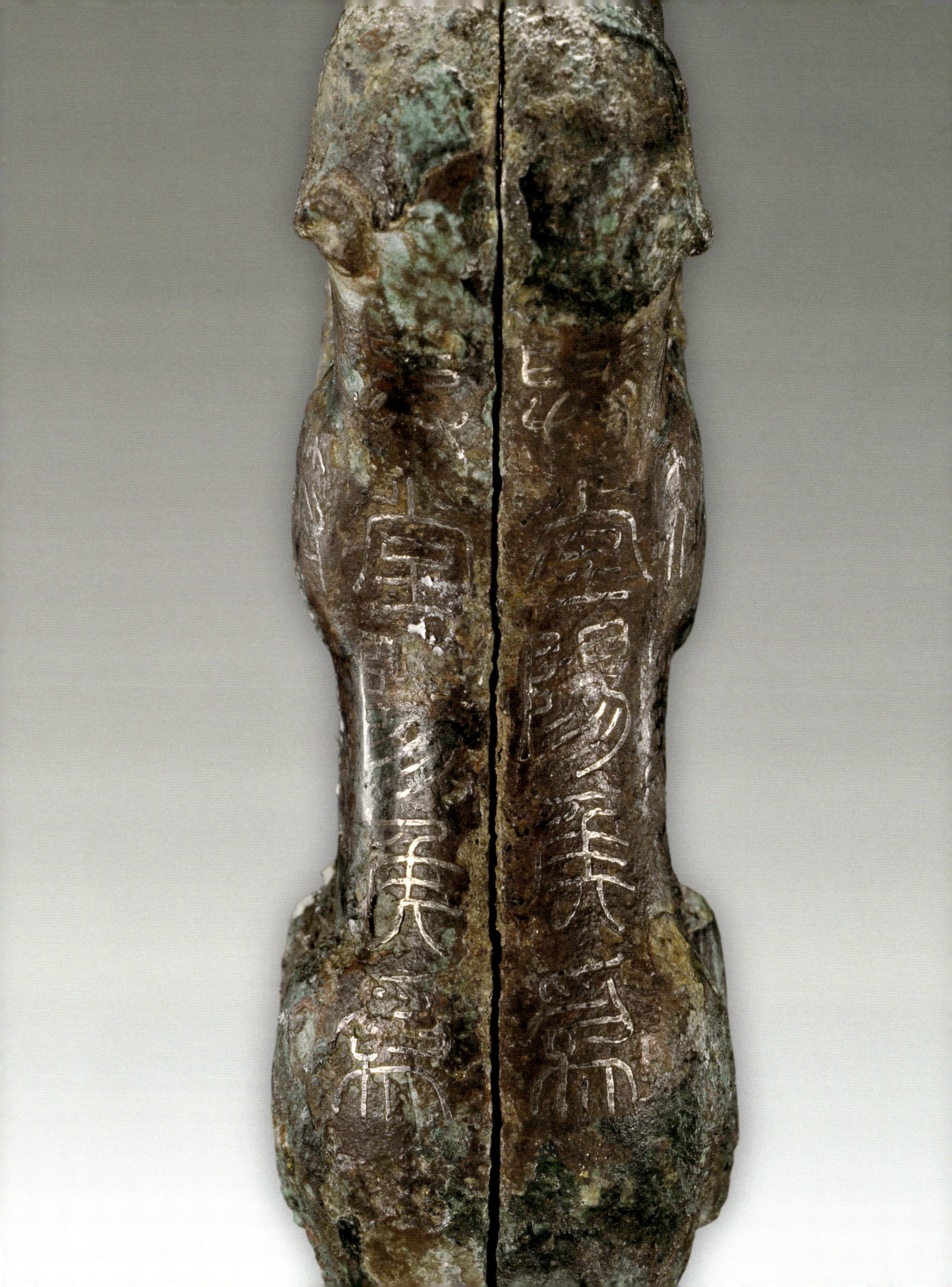

中国国家博物馆历史文化系列丛书

瑞虎佑安——二〇二二新春展
THE TIGER AS TALISMAN: 2022 CHINESE NEW YEAR EXHIBITION

005

错金"邓市臣"铜卧虎

西汉

底长 22 厘米，宽 13 厘米，高 12 厘米

卧虎整体模铸，比例协调，虎身有错金花纹，颈有涂金项圈。有铭文"邓市臣"等字样。

Gold-inlaid Bronze Crouching Tiger with "Deng shichen" inscription

Western Han dynasty

Base L. 22cm, W. 13cm, H. 12cm

The crouching tiger is molded as a complete figure with coordinated proportions. Its realistic appearance is completed with the addition of gold stripes inlaid over its body.

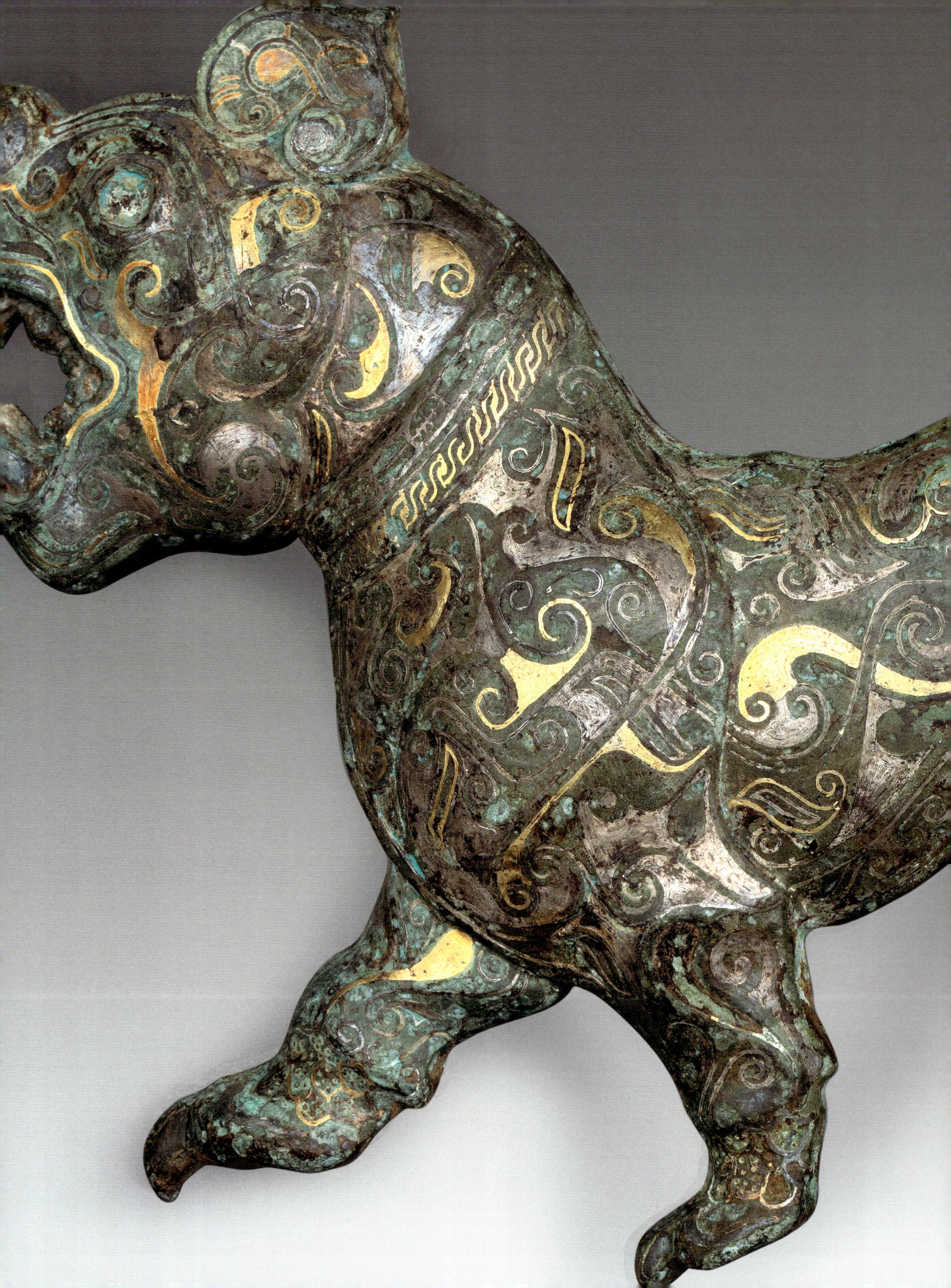

瑞虎佑安——二〇二二新春展
THE TIGER AS TALISMAN: 2022 CHINESE NEW YEAR EXHIBITION

006

错金银虎形带钩

西汉
长 24.5 厘米，高 12 厘米

这件带钩的钩体，被设计成一只昂首阔步的老虎，气韵生动。虎身镶嵌形状各异的金银片，利用金属的不同光泽，来表现老虎华丽斑斓的毛色。老虎的尾巴卷曲呈钩状，用于钩系束带，设计巧妙，兼具审美和实用。

Gold-and-Silver-inlaid Bronze Belt-Hook in the Shape of a Tiger

Western Han dynasty
L. 24.5cm, H. 12cm

This belt hook is cleverly designed as a hooked-tail of a tiger. Irregularly shaped gold and silver pieces are embedded on the tiger's body, highlighting its brightly-colored fur, leaving a luminous and graceful impression.

007

龙虎纹"长宜子孙"青铜镜

东汉
直径 11.7 厘米

铭文为"长宜子孙"。这面青铜镜上的虎纹、龙纹采用了高浮雕工艺,造型刻画清晰,细节分明,凸显出虎与龙的雄壮有力。

Bronze Mirror with the Design of a Dragon and Tiger

Eastern Han dynasty
Diam. 11.7cm

This bronze mirror has an inscription which reads, "The generations to come will lead a happy life". It features a high-relief pattern of a tiger and a dragon. The vivid and detailed portrayal highlights the majestic power of these animals.

008

青白玉虎

东汉
底长 4 厘米，高 3 厘米，厚 2.5 厘米

动物是汉代玉作重要题材之一。此青白玉件玉质上乘，圆雕而作，用阴刻线表现其尾部皮毛。器身满饰阴刻线云纹，雕工如行云流水，自然舒展。

Tiger Carved from Greenish-white Jade

Eastern Han dynasty
Base L. 4cm, H. 3cm, T. 2.5cm

Animals feature prominently in Han-dynasty jade ware. This tiger carved from greenish-white jade is of high quality. Carved into a round shape, it is inscribed with lines that represent its tail fur. Its body is decorated with inscribed moire. The style of carving imbues the item with a natural and unforced quality.

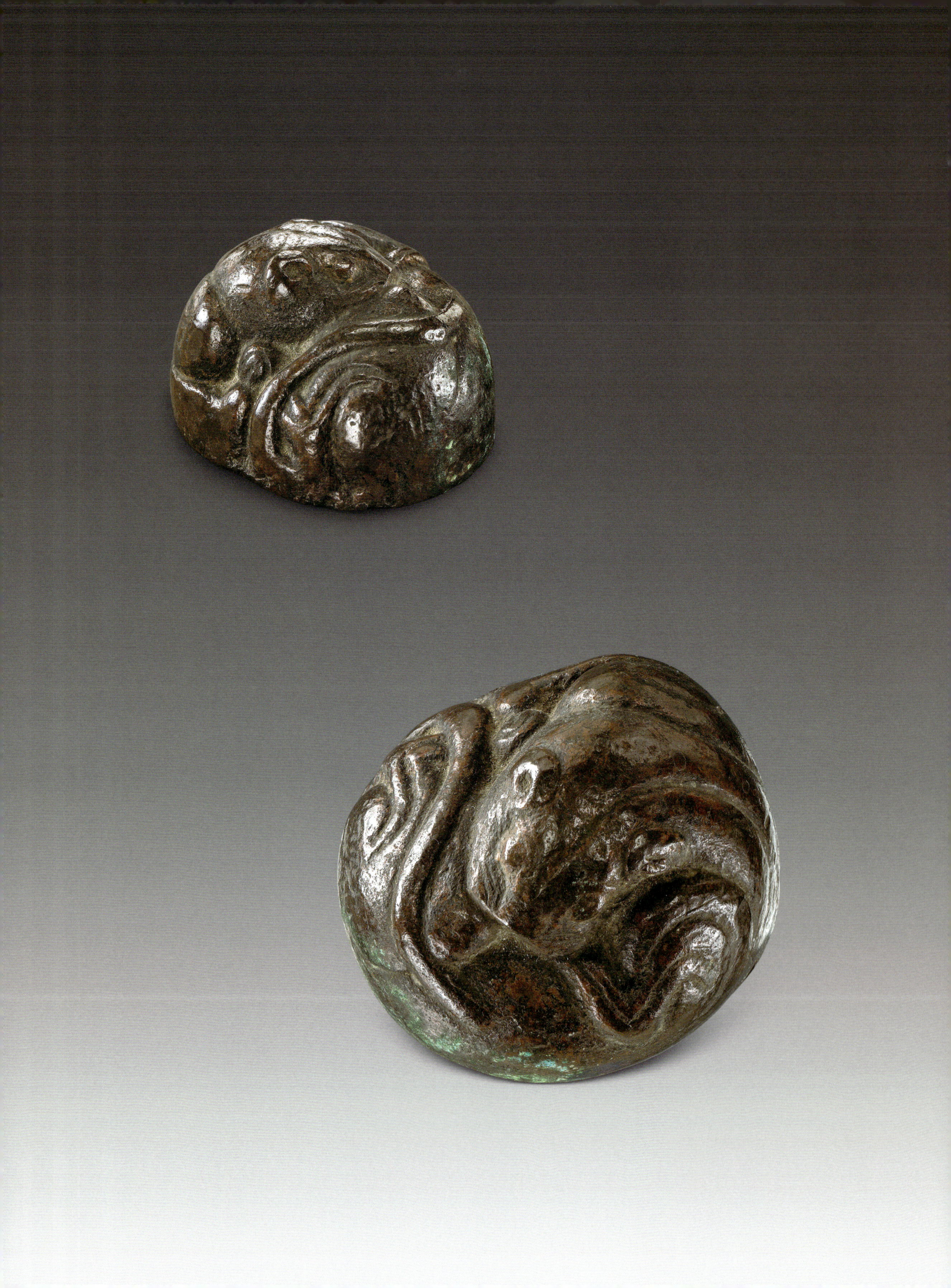

009

卧虎形青铜镇

汉
高 3.9 厘米，宽 5.4—6 厘米

古人席地而坐，为防起坐时席角折卷，于席四角置镇。《广雅·释诂》："镇，重也。"即用重物安定物件。动物造型的席镇在汉代非常流行。此虎镇身形呈盘卧状，四足收拢，头部枕在臀上，双耳后抿，宽鼻大嘴，长尾上扬，虎态温驯，如在静卧养神。

Mat Weight in the Shape of a Crouching Tiger

Han dynasty
H. 3.9cm, W. 5.4-6cm

The ancient Chinese sat on mats placed on the ground. They added weights to the corners of their mats to prevent them from moving or rising to their feet. This weight features a carving of a tiger lying prone, its four feet folded in, head resting on the buttocks and ears pressed behind. The tiger has a wide nose, large mouth and long raised tail. It appears docile, as if lying quietly at rest.

010

双虎纹青铜印

汉

直径 2.1 厘米，高 1.5 厘米

虎形是肖形印中常见纹样，有消灾、祈福的吉祥寓意。印为圆形，阴文铸刻两只脊背相向的伏虎。其印纽两端各压一只浮雕伏虎纹饰，与印面的虎形恰好阴阳相对。

Bronze Seal with Double-Tiger Imprint

Han dynasty

Diam. 2.1cm, H. 1.5cm

The tiger is a common design on pictorial seals. As an auspicious symbol, it is thought to guard against calamities and bestow blessings. This circular seal features an inscription of two tigers with their backs facing each other. Both knobs of the seal are embossed with the symbol of a tiger.

瑞虎佑安——二〇二二新春展
THE TIGER AS TALISMAN: 2022 CHINESE NEW YEAR EXHIBITION

011

白虎纹瓦当

汉
直径 19 厘米，厚 6 厘米

白虎昂首竖耳，做奋力奔驰状。虎身体的动态与瓦当的圆形轮廓相契合，如满弓储蓄力量，气势雄浑，展现出汉代的精神面貌和艺术美感。

Roof Tile-end with White Tiger Design

Han dynasty
Diam. 19cm, T. 6cm

This roof tile-end depicts a galloping white tiger with raised head and ears. The dynamics of the tiger's body fit into the round outline of the tile like the power of a drawn bow. The craftsmanship represents the spirit and aesthetic of the Han dynasty.

012
镂空龙虎纹投壶

三国
高 36.5 厘米

直口，圆唇，竹节形细长颈，扁圆形腹，高圈足。腹部两侧有兽首衔环。颈上部为一羽人，两大耳竖立高出头顶，身穿交襟长衣，肋生羽翅。羽人肩上扛有一长方形牌，双臂上举，双腿下跪做背负状。壶腹与圈足均饰镂空龙虎纹，给人一种精美剔透之感。投壶源自射礼，是流行于我国古代的一种投掷游戏，也是一项礼仪。《礼记》有"投壶"篇，古人注说："投壶者，主人与客燕饮讲论，才艺之礼也。"

Pitch-pot with Openwork Dragon and Tiger Design

Three Kingdoms
H. 36.5cm

This *touhu* (pitch-pot) has a straight mouth, round lip, slender bamboo-shaped neck, flat round body, and high round foot. There are animal heads holding large pendant rings on both sides of the body. The upper part of the neck depicts a *yuren* (feathered man), with two ears growing out above the top of his head. The *yuren* is wearing a long robe with cross lapels and feathered wings growing from his costal region. He carries a rectangular shield on his shoulders and raises his arms as he kneels. The belly and round foot are decorated exquisitely with openwork dragon and tiger design.

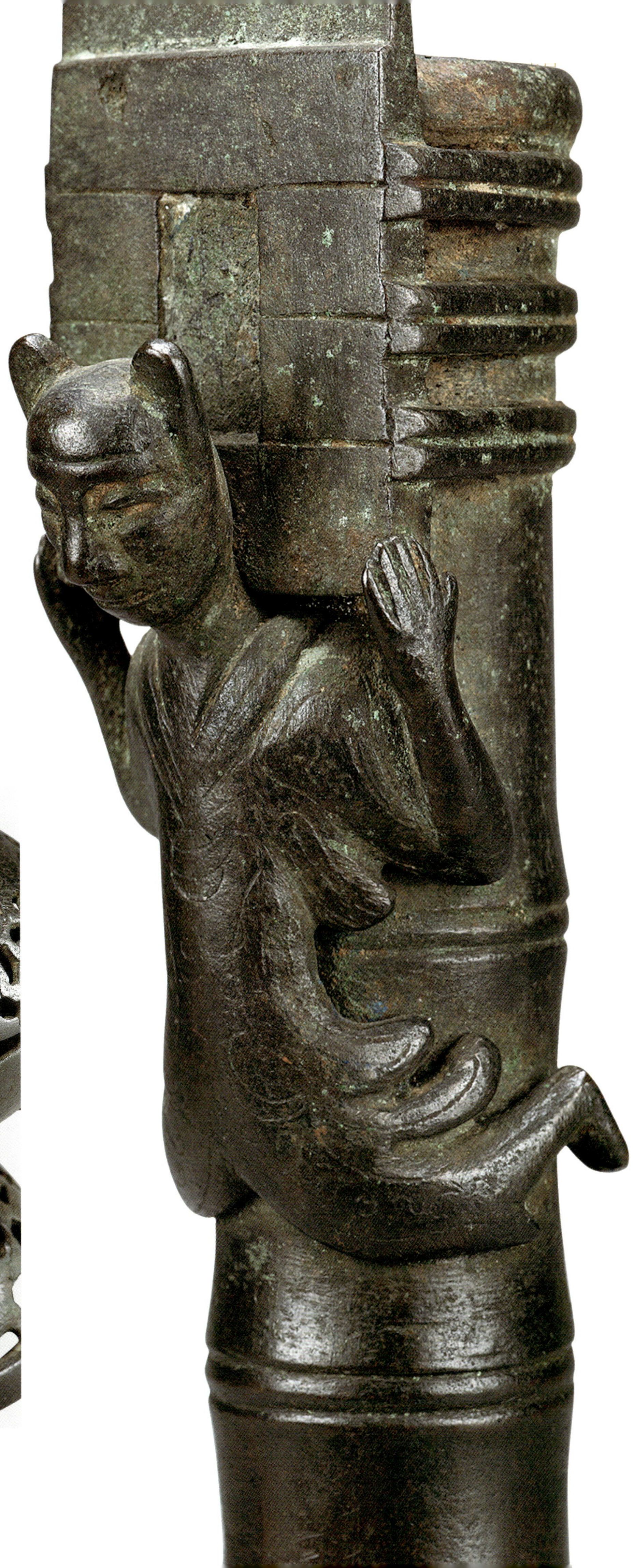

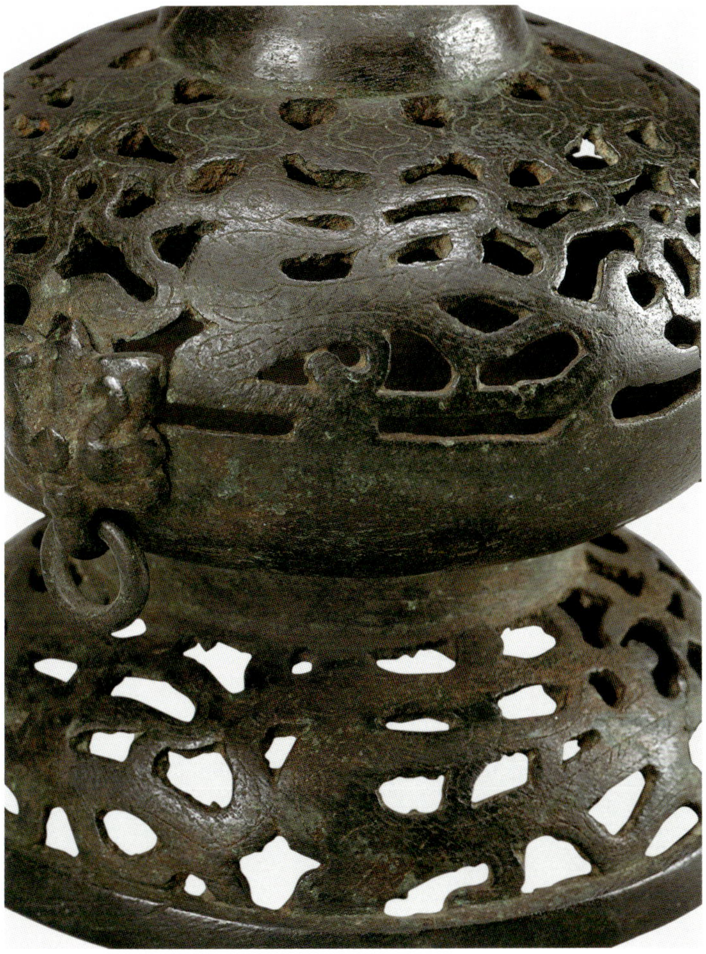

013

鎏金卧虎饰件

唐
长 8.5 厘米

饰件呈长方形，正面浮雕一卧虎，通体鎏金。头部夸大、阔口利齿、四肢向两侧弯曲，长尾上卷。虎下饰草叶纹。背面四角各有一个圆孔，应为镶嵌使用。

Gilded Ornament in the Shape of a Crouching Tiger

Tang dynasty
L. 8.5cm

This ornament is rectangular in shape. It features a crouching tiger embossed on the front with a completely gilded body. The head is exaggerated, with a teeth-bearing, wide-open mouth. Its limbs are bent to the sides and its long tail is coiled. The lower part of the ornament features a design of grass and leaves. There is a round hole on each of the four corners of the back, presumably for inlaying purposes.

014

白玉虎形饰件

辽

长 5.5 厘米，厚 1 厘米，高 2.5 厘米

青白玉质，造型简约。虎呈伏卧状，头部微扬，四肢采用减地手法表现，前后足部各有一穿孔，雕刻工艺简洁概括。

White-jade Harness in the Shape of a Crouching Tiger

Liao dynasty

L.5.5cm, T.1cm, H.2.5cm

This piece of greenish-white jade has been carved into the simple shape of a tiger lying prone, with its head slightly raised and a hole bored into its front and rear feet. The carving process used is simple and brief.

015

黄釉黑彩题诗虎枕

金
底长 37.5 厘米，宽 14.5 厘米，高 12 厘米

瓷枕为卧虎造型。虎面张目露齿，虎身以黄釉为地，上施黑色毛皮纹和尾部花纹。虎背削平为椭圆形枕面，上有诗句："白日驼经卷，终宵枕虎腰。无人将尾蹈，谁敢把须撩。"

Yellow-glazed Tiger-shaped Pillow Inscribed with a Poem

Jin dynasty
L. of bottom 37.5cm, W. 14.5cm, H. 12cm

This pillow made from porcelain is in the shape of a crouching tiger whose eyes are wide open and showing its teeth. The tiger's body is glazed yellow and is covered in black fur and tail patterns. The tiger's back has been flattened into an oval headrest upon which a verse has been written.

白日馳駙卷
終宵枕虎軀
無人將尾貽
誰敢把頭捼

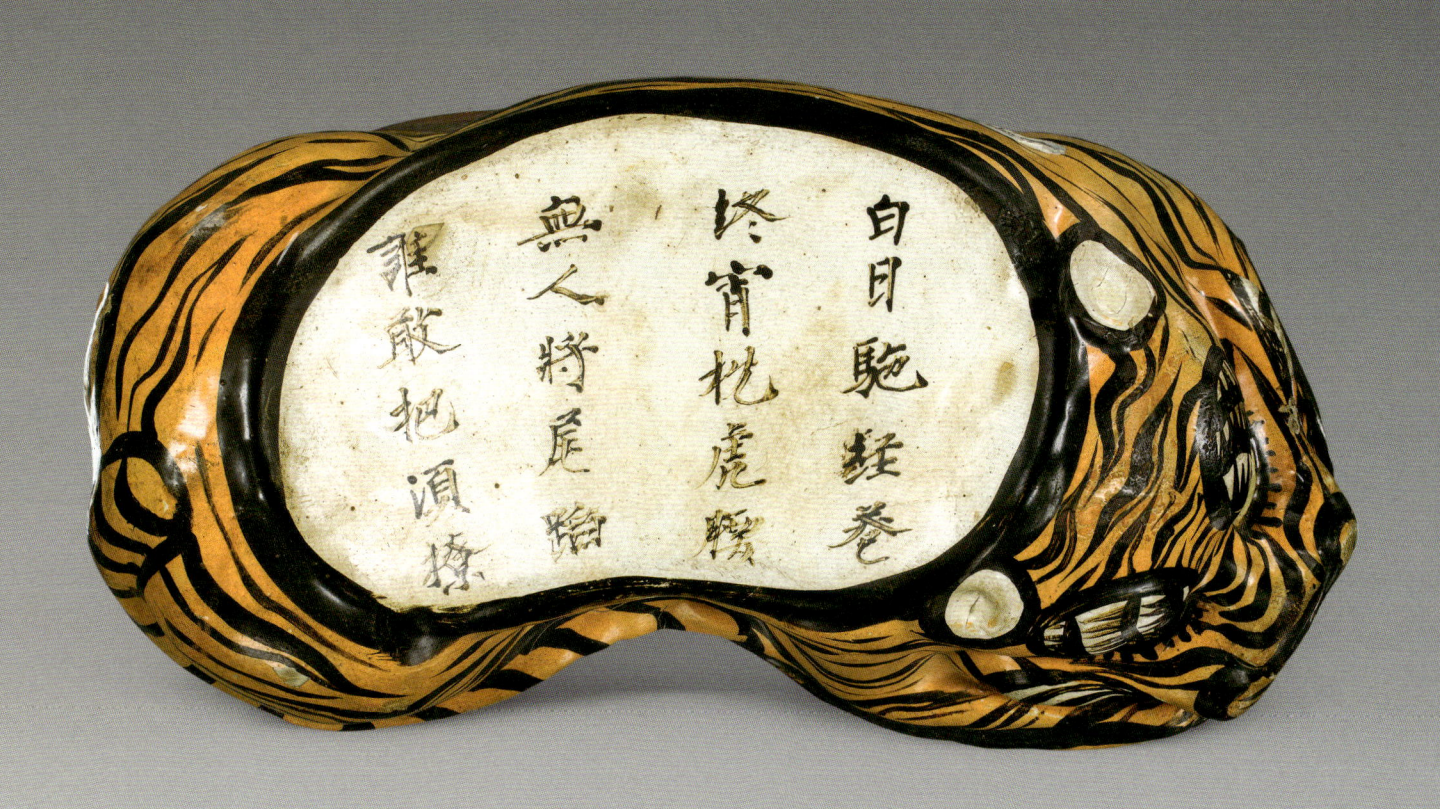

中国国家博物馆历史文化系列丛书

016
白釉黑彩鸿雁树木纹虎枕

金

高 12 厘米，宽 20 厘米，长 40 厘米

虎呈伏卧状，虎面瞠目张口，虎身以白釉为地，上施黑色毛皮纹和尾部花纹。虎背为椭圆形枕面，上白釉地黑彩树木和鸿雁纹。胎体上施有白色化妆土，釉色白中偏灰。

White-glazed Tiger-shaped Pillow with Swan Goose and Wood Design

Jin dynasty

H. 12cm, W. 20cm, L. 40cm

In this piece, a tiger lies prone, staring ahead, mouth agape. Its body is covered in black fur and tail patterns. The tiger's back takes the form of an oval headrest adorned with a swan goose and wood design. It is finished with a grayish white glaze.

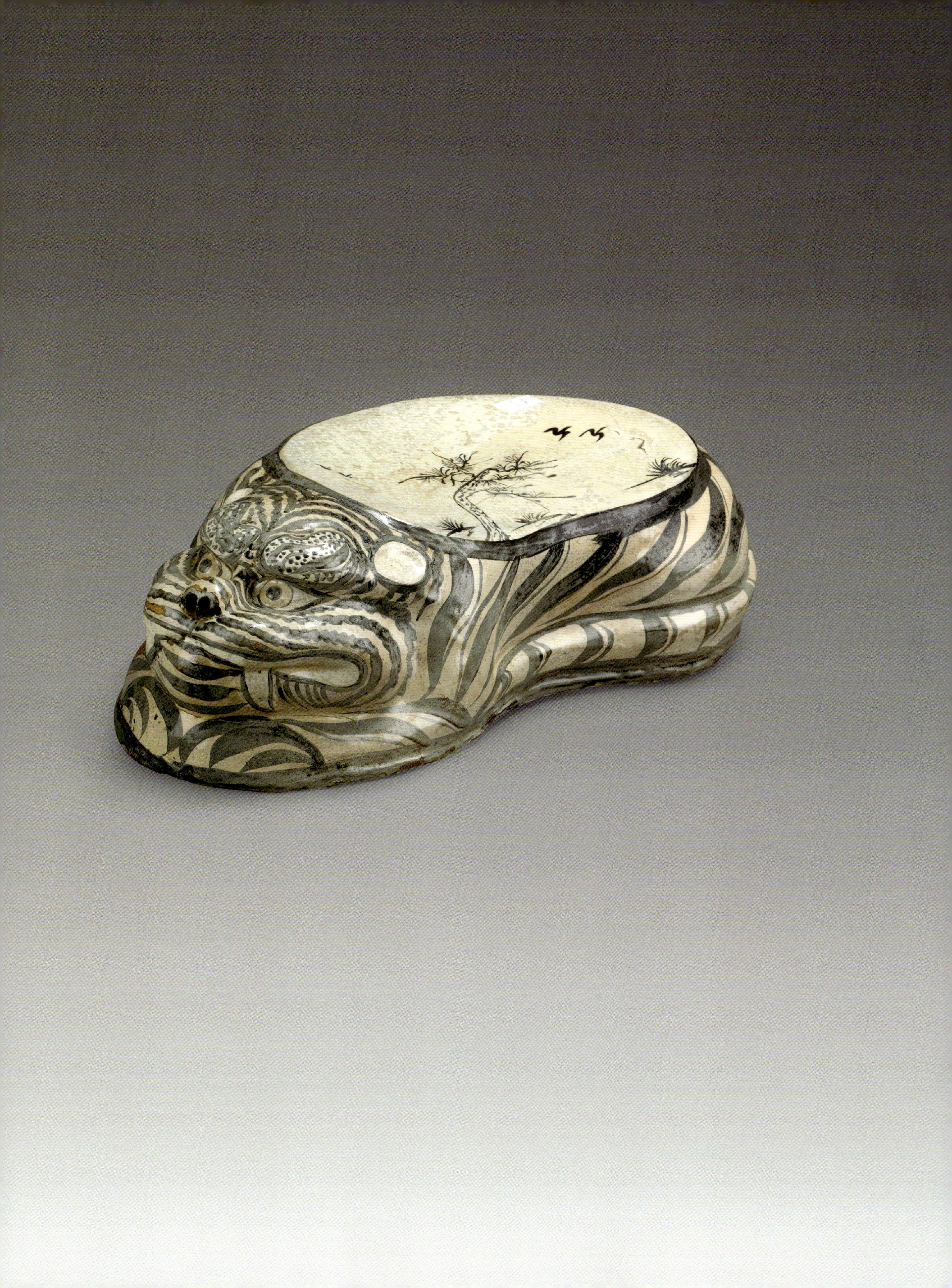

虎纹柞树玉带銙

金
宽 4.3 厘米

灰白玉质，器体呈扁平椭圆形，正面浮雕一回首虎，坐卧于山石大树旁，并阴刻树叶。有长方形穿孔贯通上下，用于结缀。辽金元时期，玉饰多以山、林、虎、鹿等自然题材为装饰，被称为"秋山玉"，表现北方少数民族秋狝的活动场景，具有鲜明的游牧民族文化特色。

Jade-belt Ornament Made of Oak with Tiger Design

Jin dynasty
W.4.3cm

The jade used for this piece is grayish white. The body is flat and oval-shaped. The front is embossed with a tiger that is sitting next to a mountain rock and large tree and looking back. Leaves have been carved into the jade and there are decorative rectangular holes running through the top and bottom. During the Liao, Jin and Yuan dynasties, jade belts were mostly decorated with natural themes such as mountains, forests, tigers and deer, revealing a distinctively nomadic culture.

018

青白玉镂雕柞树虎纹饰件

金
高 3.5 厘米，宽 2.5 厘米，厚 1 厘米

虎栖坐于柞树之下，柞树叶用阴刻线表达。背面光素无纹，有穿孔，可用作镶嵌。整器带有皮色，镂雕秋山图景，更易表现秋意盎然的北方之境。虎的形象多出现在"秋山玉"中，突显北方少数民族善狩精射的勇猛之气。

Greenish-white Jade Ornament with Tiger Design

Jin dynasty
H. 3.5cm, W. 2.5cm, T. 1cm

This skin-tone piece of jade depicts a tiger sitting under an oak tree whose leaves are represented by inscribed lines. Holes have been drilled into the smooth reverse side to make inlays. It also features a vivid carving of the mountains of northern China in autumn.

019

白玉虎首纹带銙

元
长 4 厘米，高 3.5 厘米

玉质白润细腻，呈方形片状。正面用阴刻线刻划虎的面部，下部长方形孔为带銙下部的穿，用来系挂物品。背面光素无纹，四角各有一穿孔，供穿缀固定之用。

White Jade Band with Tiger-head Design

Yuan dynasty
L. 4cm, H. 3.5cm

The jade used in this piece is white and delicate, and square in shape. A tiger's face is engraved on the front, and a rectangular hole has been bored into the lower part to fasten objects. The reverse side is smooth and the four corners also have holes for threading.

020

青玉马首虎纹带钩

元末明初

长 13.6 厘米，厚 2 厘米，高 3.5 厘米

青玉质，马首，钩面上雕一卧伏老虎，带钩下有一长方形纽。据工艺风格以及造型特征，约为元末明初时期，有北方草原民族遗风。该带钩体型长且宽大，应是上层文人单独使用的腰间带饰，使用方法是直接将钩首钩入绦带或丝带的环套内。

Greenish Jade Belt-hook with Horse-head and Tiger Design

Late Yuan to early Ming dynasties

L. 13.6cm, T. 2cm, H. 3.5cm

This greenish jade carving of a horse head features a lying tiger on the hook surface, and a rectangular button under the hook. Judging from the style of craftsmanship and modeling, it may date from the late Yuan to early Ming dynasties, as a remnant of the people of the northern steppe.

021
行书七律诗扇面

明 文徵明
高 16.5 厘米，宽 50.3 厘米

释文："沧溟日日羽书传，华发萧萧节叙迁。时不可追空逝水，老今如此况烽烟。漫抛旧历开新历，却到衰年忆少年。潦倒不妨诗笔在，晓窗和墨写新篇。乙卯元日，徵明。"

文徵明在元日将自作诗以行草书录写于扇面上，感叹时光飞逝的同时，表达对新年新篇章的向往。

Seven-character Regulated Verse Written in Running Script

Wen Zhengming (Ming dynasty)

16.5cm×50.3cm

"Day after day there are urgent messages / My salt-and-pepper hair is few and far between / My post has been transferred / Time which has already passed cannot be chased / Our times have fallen into conflict / Out with the old year and in with the new / But now I am in my old age I think about my early youth / Down on my luck, I might as well write this poem / As the day breaks, I write a new chapter / On the first day of the lunar month."

Wen Zhengming wrote the poem in running script on this fan on the first day of the lunar month. In the verse he laments the passing of time and expresses his yearning for a fresh start in the new year.

022

青白玉镂雕虎纹佩

明

长 8 厘米，高 5.5 厘米

青白玉质，镂空雕刻，正中雕一虎，行走状，周围饰瑞草纹，虎背上方雕一随形椭圆形环。民间因虎威猛有力，相信其能驱邪避灾，虎和瑞草相伴，具有祥瑞之意。

Greenish-white Jade Ornament Carved in the Shape of a Tiger

Ming dynasty

L. 8cm, H. 5.5cm

This piece of greenish-white jade features a hollow carving of a roaming tiger surrounded by rare and auspicious plants. An oval ring has been carved on the top of its back. In traditional Chinese culture, it is thought that the ferocity of a tiger can drive away evil spirits and prevent calamities.

023

伏虎童子玉雕

明

高 5 厘米，宽 4.5 厘米

此件青白玉质，立体圆雕。童子梳双髻，骑跨在虎背上，左手抓虎尾，右手握拳高举，左脚踩踏虎头之上，做驯虎状。虎四肢趴地，呈温顺状。此件伏虎童子玉雕题材，可能源自《水浒传》中武松打虎的戏剧故事场景。

Jade Carving of a Tiger and a Boy

Ming dynasty

H. 5cm, W. 4.5cm

This piece of greenish-white jade has been carved into a round, three-dimensional shape. It depicts a boy, who wears his hair in a double bun, riding on a tiger's back. The boy grabs the tiger's tail with his left hand, clenches his fist with his right hand, and subdues the tiger by stepping on its head with his left foot.

024
《荒崖乳虎图》轴

清 马负图
高193厘米,宽100厘米

马负图为清初画家,有数幅虎图流传至今,为世所宝。此作绘乳虎一只,舒展趴卧于山崖之上,得兼虎的威猛与幼虎的憨顽。崖上荒草以双钩法细细写出,与率意挥洒的崖石形成对比。

Scroll Painting of a Tiger Cub Lying on a Cliff

Ma Futu (Qing dynasty)
193cm×100cm

Ma Futu was a painter of the early Qing dynasty. Many of his paintings of tigers have been handed down to this day and are treasures of world heritage. This painting depicts a cub tiger lying on a cliff, featuring both the bravery and the naughtiness of its age. The weeds on the cliff are painted in detail with the double-outline method, creating a juxtaposition with the swaying cliff rocks.

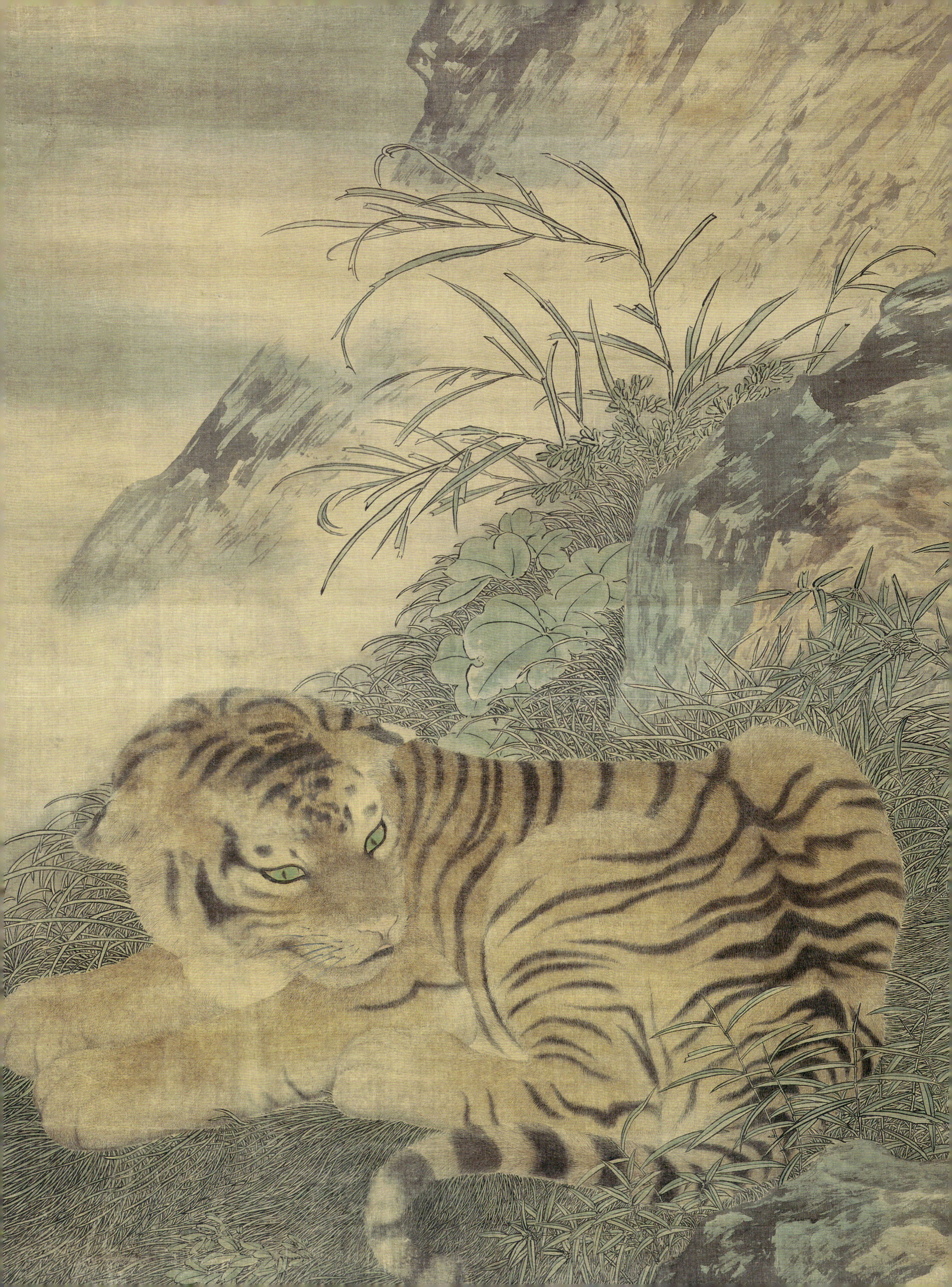

025

霁红釉梅瓶

清康熙

腹径 11.5 厘米，底径 7.5 厘米，高 19 厘米

梅瓶创烧于唐，宋元时期是一种盛酒用器，清代多用于陈设，或插折枝花卉。此瓶小口、短颈、丰肩、胫部渐收、圈足。通体施霁红釉。霁红釉是康熙时期景德镇官窑仿烧明代初期高温铜红釉而成。釉面红艳深沉，凝厚均匀。

Prunus Vase with Sky-clearing-red Glaze

Kangxi reign, Qing dynasty

Diam. of body 11.5cm, Diam. of base 7.5cm, H. 19cm

This vase has a small mouth, short neck, wide shoulders, round foot, and puffed body which is downward tapering. The whole body is covered with glaze in sky-clearing-red. The sky-clearing-red glaze was made by the Jingdezhen imperial kiln during the Kangxi reign through a technique of making the high temperature copper-red porcelain rejuvenated from early Ming dynasty. The red glaze on the vase is rich in color and uniform in its texture.

大清康熙年製

026

青玉龙虎纹牌

清
高 7 厘米，宽 4.5 厘米

青玉质地，双面雕。上部开光内减地浮雕如意云纹，云纹下部四周起边棱。一面雕飞龙、立虎纹，另一面以减地阳文手法雕刻小篆"暗水流花径，存星带草堂"十字，为杜甫即事名篇《夜宴左氏庄》中颔联。文下琢刻圆形"云"、方形"樵"字篆书款印记。

Greenish Jade Tablet with Dragon and Tiger Design

Qing dynasty
H. 7cm, W. 4.5cm

This piece of greenish jade features double-sided carving. Its upper part is embossed with auspicious cloud pattern. One side is carved with a flying dragon and standing tiger design, while on the other side there is part of the poem *A Night Banquet at the Zuo Estate* by Du Fu in lesser seal script that reads: "Unseen waters flow on the flowered plants / Spring stars gird the thatched hall." (Translation by Stephen Owen)

027

白玉"天官赐福"佩

清
直径 5.5 厘米

此佩白玉质地，正中镂雕"天官赐"三字，两旁各饰蝙蝠，左右相衔，整体成一圆形。"蝠"与"福"同音，有"双福临门"之意，与"天官赐"三字相连，取意"天官赐福"。古代有每逢农历正月十五，天官下降赐福之说。南宋吴自牧在《梦粱录》第一卷中写道："正月十五日元夕节，乃上元天官赐福之辰。"

Pendant Carved from White Jade with Calligraphy Declaring Blessings from Cheongwan

Qing dynasty
Diam. 5.5cm

The center of this white jade piece is engraved with the three characters "tianguanci", meaning, "Blessings from Cheongwan". There are also bats decorated on both sides. Since the Chinese word for bat and good fortune share the same pronunciation, they are common motifs in traditional Chinese art and are considered auspicious. In ancient times, there was a saying that every year on the fifteenth day of the first lunar month, Cheongwan would descend to bestow the people with blessings.

028

青花福禄万代纹橄榄瓶

清雍正
高 42 厘米，口径 12 厘米，腹径 18 厘米

此瓶喇叭口，溜肩，鼓腹下敛，圈足。通体青花装饰，主题饰为缠枝葫芦纹，辅以飞蝠纹、蕉叶纹、如意云纹等。外底青花双圈内书"大清雍正年制"六字双行楷书款。"蔓"谐音"万"，"葫芦"谐音"福禄"，"蝠"谐音"福"，故有"子孙万代福禄延绵"的吉祥寓意。

Blue-and-white Porcelain Olive-shaped Vase

Yongzheng reign, Qing dynasty
H. 42cm, Diam. of mouth 12cm, Diam. of body 18cm

This vase has a flared mouth, sloping shoulders, bulging body, and round foot. The whole body is decorated blue and white with a tangled gourd design, and is augmented by images of flying bats, plantain leaves and auspicious clouds. Since all of these words in Chinese sound similar to the words for wealth and happiness, the work takes on an auspicious significance.

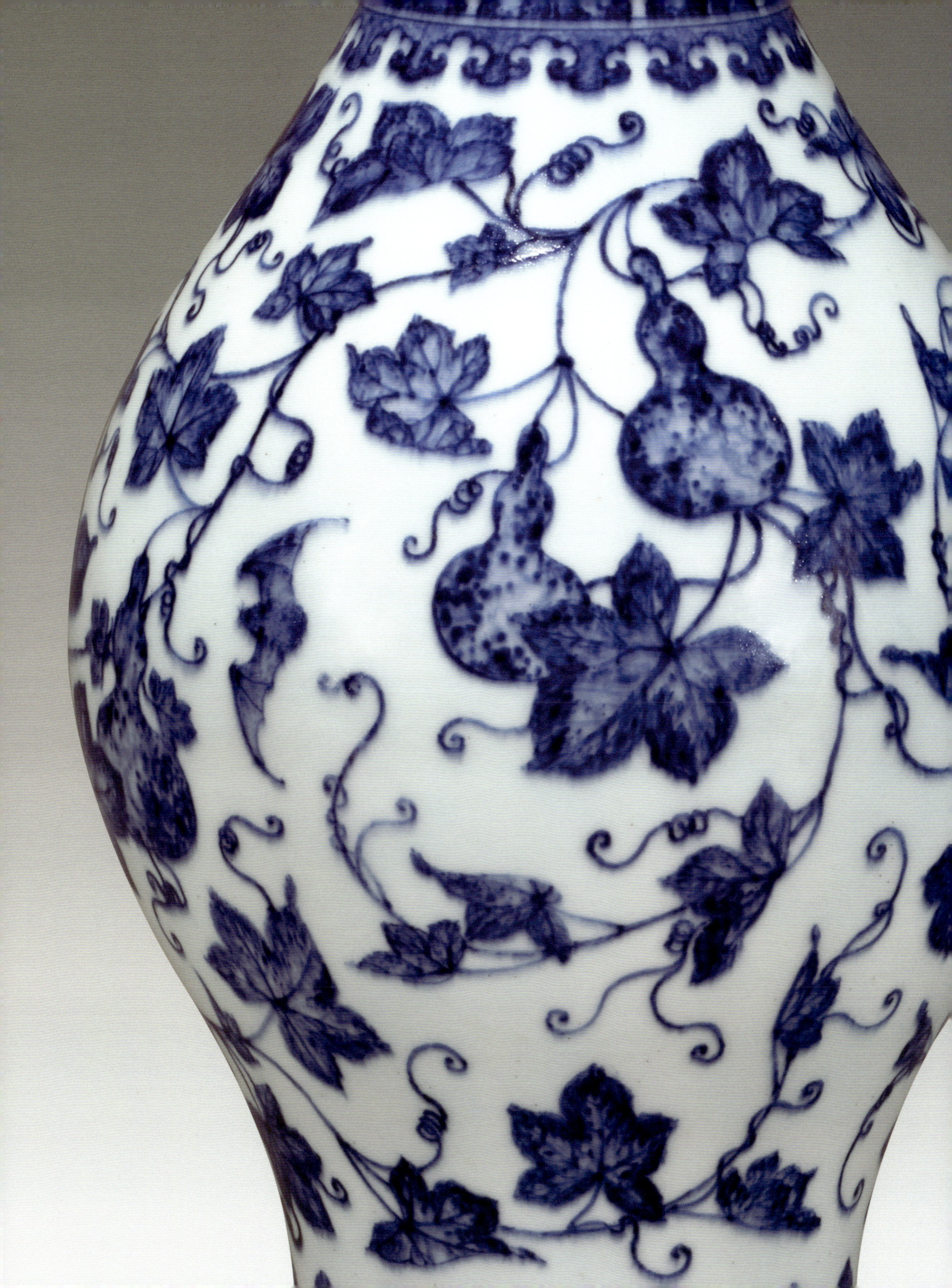

029

粉彩岁朝图碟

清雍正
高 3.1 厘米，口径 15.3 厘米，底径 9 厘米

此件小碟侈口斜壁，圈足，盘形秀巧，胎体轻薄，白釉润泽。盘心绘岁朝图，内有灵芝等富有吉祥寓意的清供。插花枝条伸展自如，柔美娇媚。碟底白釉青花双圈内楷书"大清雍正年制"六字款。粉彩瓷器初创于清康熙晚期，成熟于雍正、乾隆两代，是在五彩的基础上，受珐琅彩制作工艺影响而创烧出的一种新型彩瓷。

New-year *Famille-rose* Porcelain Plate with Auspicious Decorations

Yongzheng reign, Qing dynasty
H. 3.1cm, Diam. of mouth 15.3cm, Diam. of base 9cm

This small dish has a spreading mouth and an inclined border edge. It also features a round foot, delicate disc shape, thin body, and white glaze. A Chinese New Year scene is painted in the center of the plate, depicting several elegant decorations with auspicious meaning such as the *Lingzhi* (fungus). It is accompanied by a flower arrangement with pleasant, carefree branches.

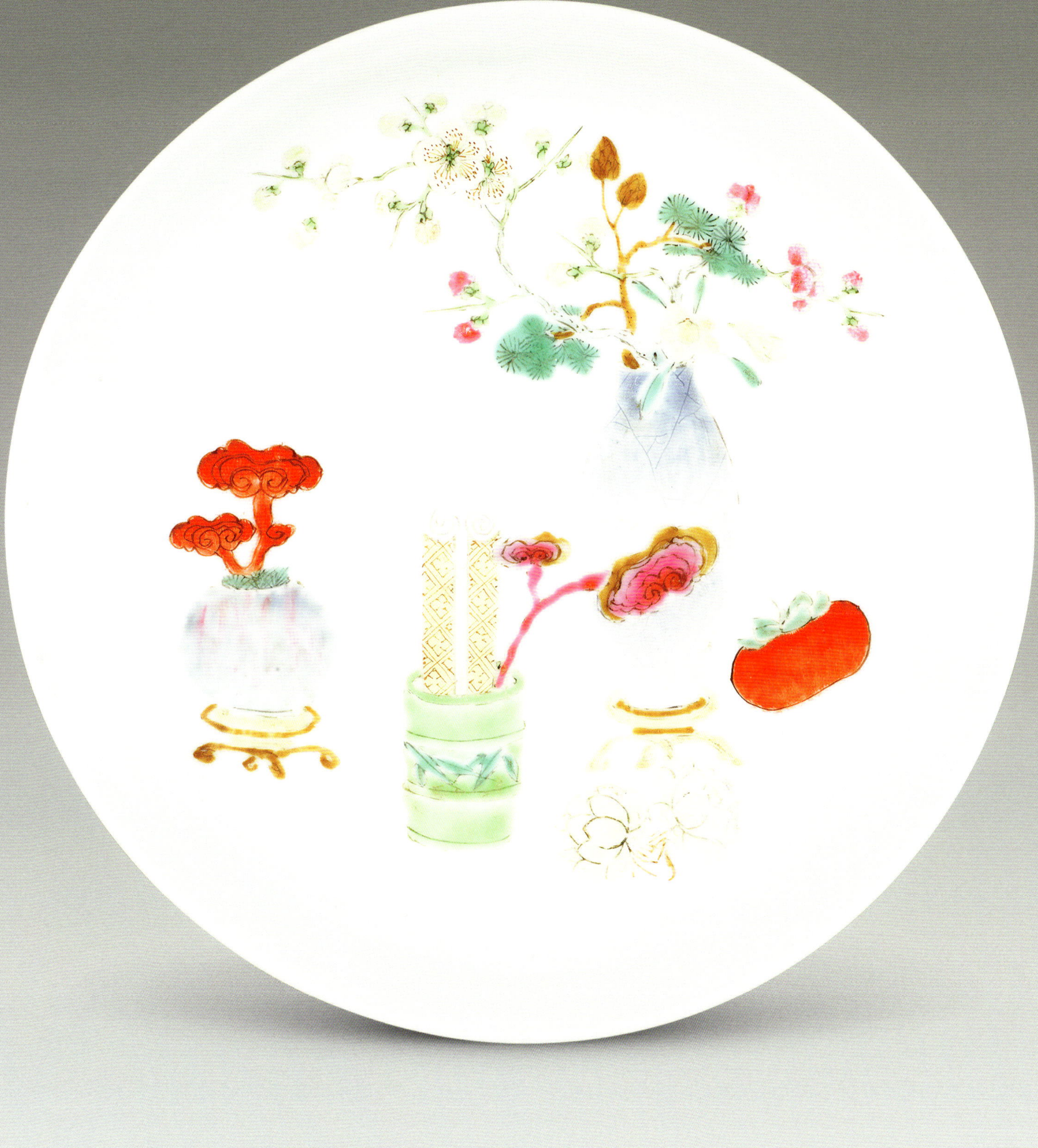

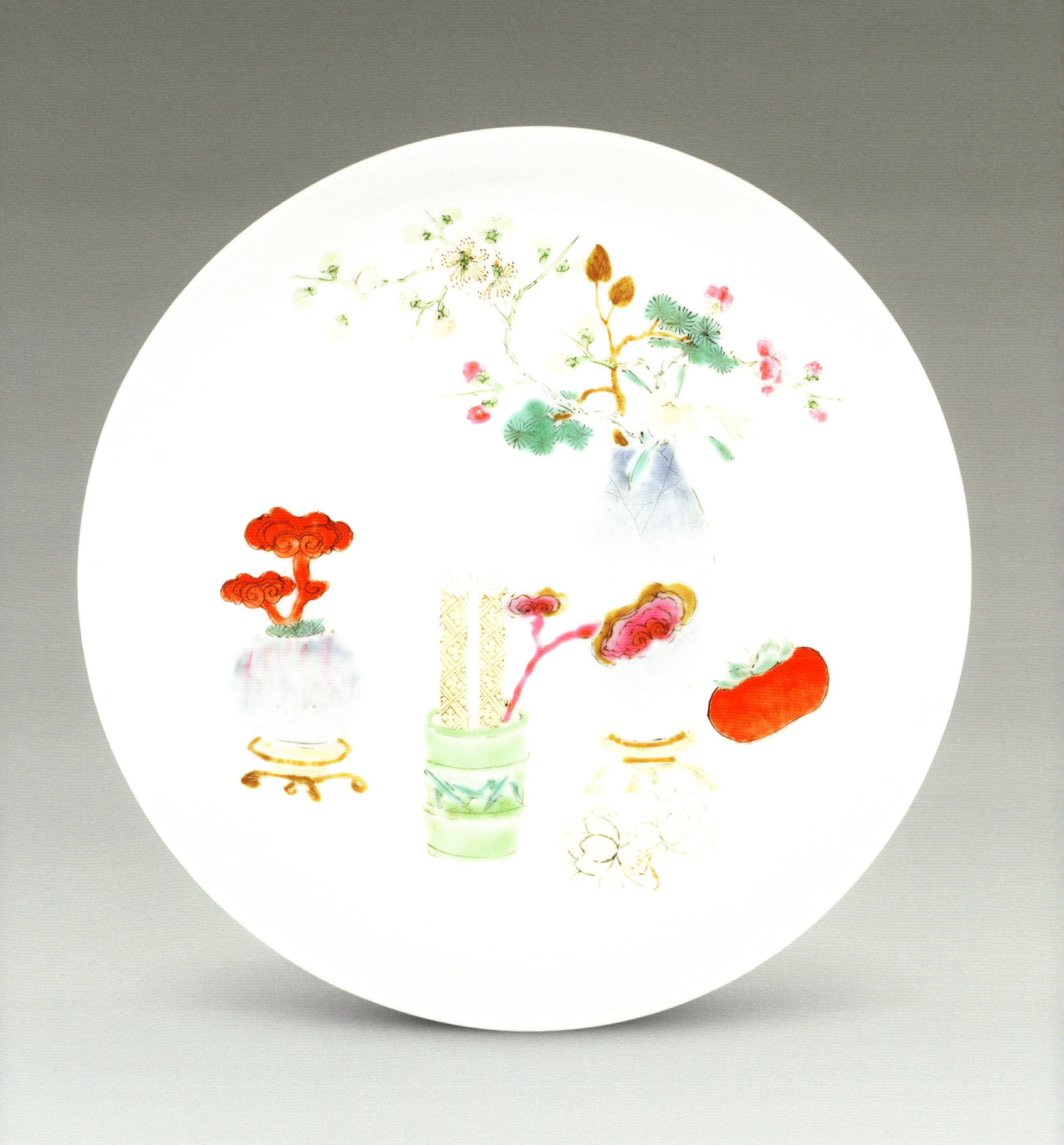

030

缂丝七言联

清乾隆
高 113 厘米，宽 23.8 厘米

释文：康强真是寿无量，庆祥应敷恩普同。

对联米黄色地，用平缂、搭缂技法缂四季花卉纹。缂字仿隶书，规整庄重，采用齐缂技法缂制，辅以搭梭技法，使得地、字相接紧密。联语见于乾隆御制诗文集，为集言联。

Seven-word Couplet on Chinese Silk Tapestry

Qianlong reign, Qing dynasty
113cm×23.8cm

"The lifespan of the Qianlong Emperor is without limit / Celebrate by spreading benevolence and great unity."

The pair of couplets have been written on a beige background in an orthodox and solemn style of calligraphy that imitates the official script, surrounded with seasonal flowers weaved with the technique of kesi (a method of traditional Chinese silk weaving). The pair of couplets originate from a poem collection of the Qianlong Emperor's writings.

御製句

康彊真是壽無量
慶祙應敷恩普周

031

釉里红花果纹葫芦瓶

清乾隆
高 31.2 厘米，口径 4 厘米，腹径 16.2 厘米

器呈葫芦状，通体釉里红装饰，主题纹饰为缠枝花果纹，辅以如意云纹、回纹、变体花瓣纹等。葫芦样式有"福禄万代"之寓意。釉里红是元代景德镇窑创烧的釉下彩瓷品种之一。乾隆时期釉里红以陈设用瓷为主，造型有瓶、尊、罐等，装饰纹样趋于图案化，时代特征鲜明。

Gourd-shaped Vase in Underglaze Red with Flower and Fruit Design

Qianlong reign, Qing dynasty
H. 31.2cm, Diam. of mouth 4cm, Diam. of body 16.2cm

This gourd-shaped vessel is decorated entirely in red glaze. Its features a flower and fruit design augmented by auspicious cloud imagery, rectangular spiral decorations and flower petal patterns. Youlihong (underglaze red) was one of the varieties of colored porcelain created and fired by Jingdezhen kilns during the Yuan dynasty. This kind of gourd-shaped vase signifies eternal wealth and happiness.

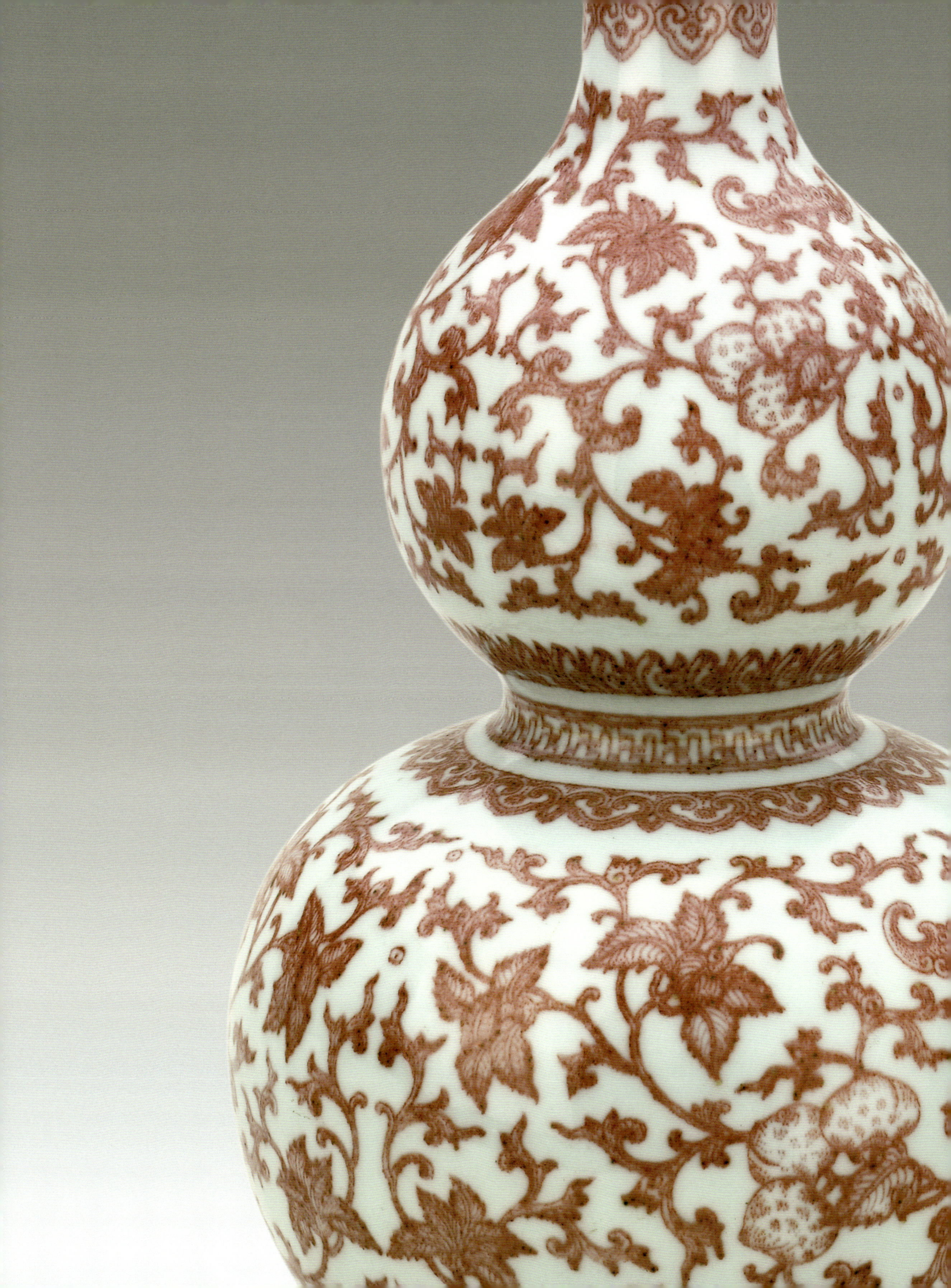

032

粉彩花卉纹瓶

清乾隆
高 22 厘米，口径 6.5 厘米，腹径 15 厘米

此瓶撇口、长颈、丰肩、鼓腹，腹以下渐至足外撇、圈足。口沿涂饰金彩、颈、胫部胭脂紫地粉彩分别绘宝相花纹和莲瓣纹，腹部白釉地粉彩绘有菊花、莲花和牡丹等四季花卉纹，象征吉祥富贵，彰显清乾隆时期富丽堂皇的皇家品位。

Famille-rose Porcelain Vase with Flower Design

Qianlong reign, Qing dynasty
H. 22cm, Diam. of mouth 6.5cm, Diam. of body 15cm

This vase has a flared mouth, long neck, round shoulders, bulging body and round foot. The rim of its mouth is painted gold, while the neck and the bottom are painted with rosette design and lotus petal patterns respectively in pink and purple pastels. The body features depictions of chrysanthemums, lotuses and peonies and other seasonal flowers.

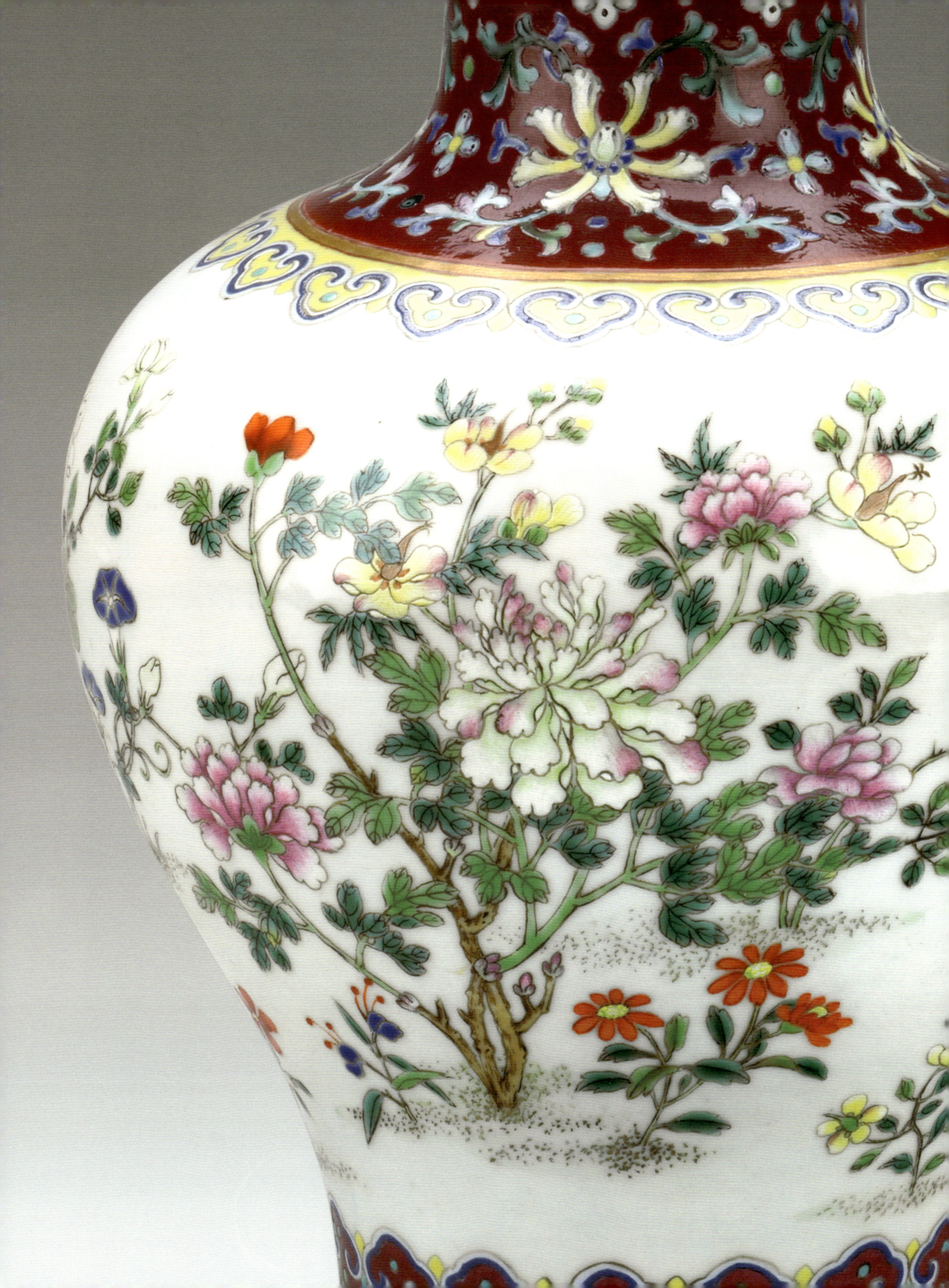

皇帝大駕鹵簿白虎旗

皇帝大駕鹵簿白虎旗　謹按
馬端臨文獻通考唐制右
白虎旗一元史輿服志白
虎旗白質繪蹲虎乾隆十
三年
欽定大駕鹵簿白虎旗白緞為
之斜幅不加緣繡金蹲虎
髑起火燄間以流雲尺寸
如青龍旗杆如八旗驍騎纛
壽之制
法駕鹵簿白虎旗同

033
皇朝礼器图

清
高 38 厘米，宽 35 厘米

《皇朝礼器图》是一部记载清代典章制度类器的政书，也是一部描绘清代礼器的彩绘图谱。为乾隆时修撰，收入《四库全书》史部。《皇朝礼器图》分祭器、仪器、冠服、乐器、卤簿、武备 6 个部分，绢本绘制，右为设色画图，左为楷书系说，绘图精美，系说条理清晰，记载详备。

该页为白虎旗，配有说明："……乾隆十三年钦定大驾卤簿白虎旗白缎为之，斜幅不加缘，绣金蹲虎髑起，火焰间以流云，尺寸如青龙旗，杆如八旗骁骑纛之制。"

Illustrated Book on Ritual Objects Compiled on Imperial Order

Qing dynasty
38cm×35cm

The Illustrated Book on Ritual Objects Compiled on Imperial Order records the ceremonial implements of the Qing dynasty, and includes colorful illustrations of various ritual vessels.

The book is open on the page of the White Tiger Flag, which was selected by the Qianlong Emperor in the 13th year of his reign to be used by the royal ceremonial guard.

皇朝禮器圖

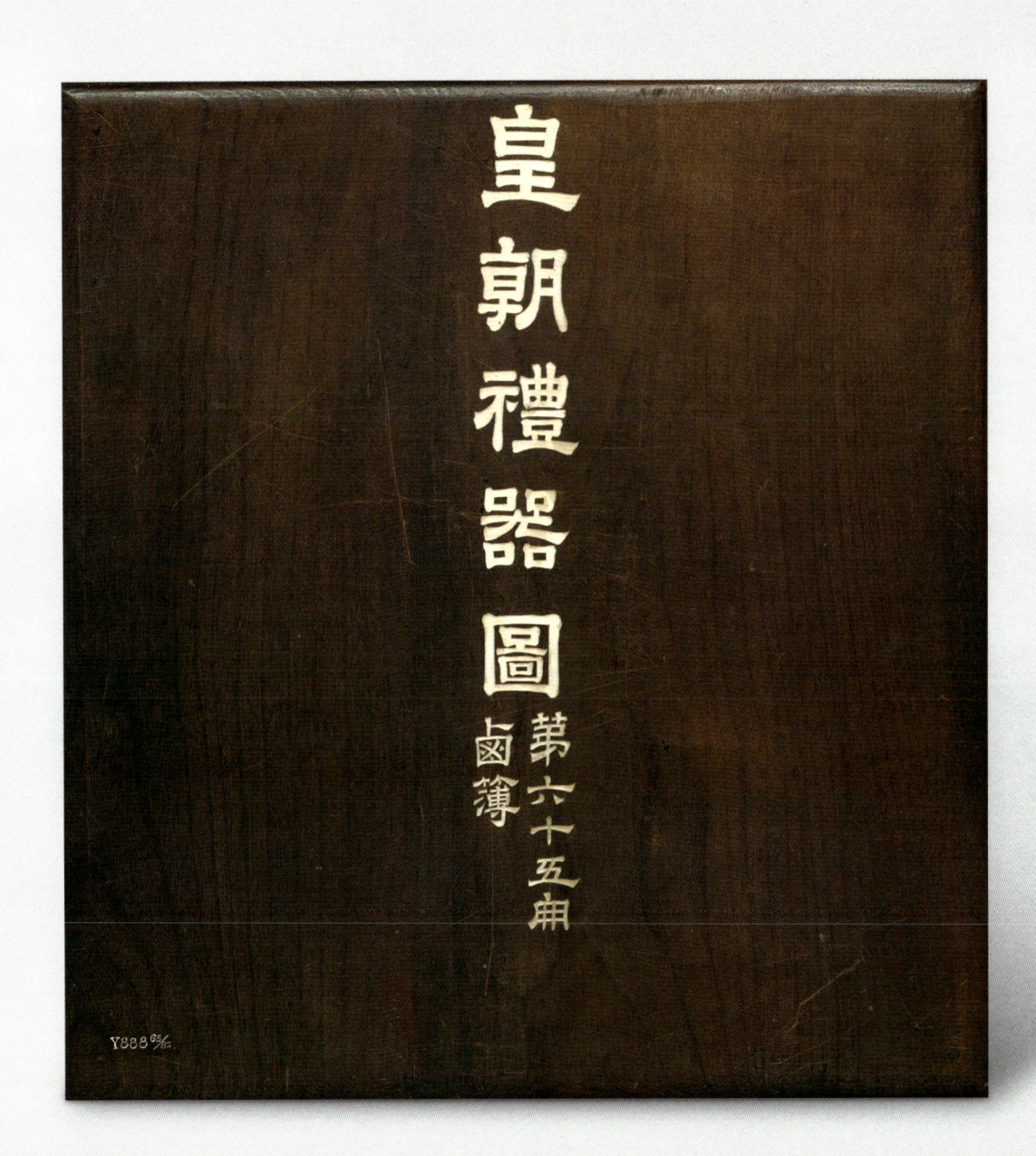

第六十五冊

鹵簿

034

粉彩描金婴戏图四螭耳尊

清嘉庆
高 16.8 厘米，口径 7.4 厘米，腹径 13.4 厘米

此器直口、束颈、长鼓腹、圈足。内壁施松石绿釉，口部饰一周锦纹，颈肩处贴饰四螭耳，颈肩和胫部黄地料彩绘变形夔龙纹，腹上、下部各绘如意云纹一周，腹部通景白地粉彩绘婴戏图，足部饰回纹。底部书"大清嘉庆年制"六字篆书款。器型、彩釉和纹饰等有乾隆时遗风，采用金、黄、粉、蓝料绘制，纹饰喜庆吉祥，气氛热闹，寓意年景平安昌盛。

Famille-rose Porcelain *Zun* (Vase) with Children Playing and Four Dragon-shaped Handles in Gold Paint

Jiaqing reign, Qing dynasty
H. 16.8cm, Diam. of mouth 7.4cm, Diam. of body 13.4cm

This vase has a straight mouth, contracted neck, long bulging body, and round foot. Its interior is glazed turquoise green, while the mouth features a round brocade design. The neck and shoulders are decorated with four dragon-shaped handles. The neck, shoulders and bottom feature a painting of a deformed kui dragon design, while the upper and lower body is adorned with auspicious cloud pattern. The body depicts a children playing scene on a white background, and there are rectangular spiral patterns on the foot.

瑞虎佑安——二〇二二新春展
THE TIGER AS TALISMAN: 2022 CHINESE NEW YEAR EXHIBITION

67

中国国家博物馆历史文化系列丛书

035
《双色梅花图》扇面

清 杨晋
高 16.8 厘米，宽 50.5 厘米

梅花凌寒而开，傲而不俗，文人常将梅花视为比德之物，深受大众的喜爱。杨晋作于丁卯春正下浣（即正月下旬）的这件扇面，绘红、白双色梅花两枝，将初春的盎然生机尽现于笔端。

瑞虎佑安──二○二二新春展
THE TIGER AS TALISMAN: 2022 CHINESE NEW YEAR EXHIBITION

Scene of a Plum Blossom in Two Colors

Yang Jin (Qing dynasty)
16.8cm×50.5cm

The scene depicts one of plum blossoms blooming in the cold. Plum blossoms are beloved by the Chinese people, as they stand for the values of virtue in society. Yang Jin painted this fan in the last ten days of the first month of the lunar calendar. He painted two varieties of plum blossoms, one in white and one in red, showing the full vitality of early spring.

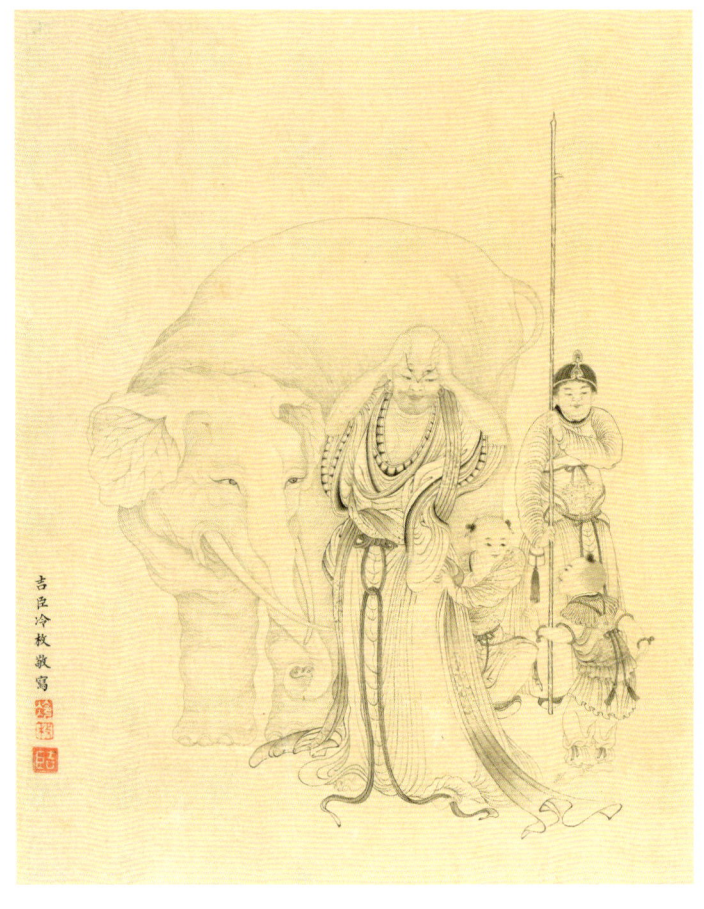

中国国家博物馆历史文化系列丛书

036
白描罗汉图

清 冷枚（传）
高 31.8 厘米，宽 25.9 厘米

本册页绘十八罗汉形貌有别，姿态各异，表达了罗汉住世护法、随机化现的情形。画中罗汉均以白描手法表现，面部轮廓描绘入微，用笔纤细如线，柔和有力，衣纹遒劲流畅，如行云流水，气韵高雅。本开（左图）绘制了罗汉"道高伏虎"的故事，画面中的老虎率领幼虎向执杖罗汉虔诚礼拜，意在表现高僧的慈悲修行可以驯伏猛虎。

本册页最后一开有"吉臣冷枚敬写"款，下钤"冷（白）""枚（朱）""吉臣（白）"，三枚长方印。冷枚，字吉臣，胶州（今属山东）人，是清朝前期一位重要的宫廷画家。

Album of Arhat Painting

Attributed to Leng Mei (Qing dynasty)
31.8cm×25.9cm

In one of the paintings, the tiger leads the cubs to worship an arhat, intending to show that the compassionate practice of an eminent monk can tame tigers.

清泠枚白描十八尊者全册

光裕堂舊藏丙子九秋重裝

信矼宗兄屬題 山陰樊虛

中国国家博物馆历史文化系列丛书

瑞虎佑安——二〇二二新春展
THE TIGER AS TALISMAN: 2022 CHINESE NEW YEAR EXHIBITION

037
梨花春燕图

清　黄慎
高 23.5 厘米，宽 28 厘米

黄慎是"扬州八怪"之一，诗、书、画均有较高造诣，擅长人物、山水、花鸟，多从民间世俗日常中汲取灵感。黄慎擅草书，书法学"二王"，更得怀素笔意，从章草脱化而出，他以草书入画，重意轻形的艺术主张鲜明地体现在其写意花鸟画中。此件作品粗笔写梨花、春燕，飞燕正面示人，枝头的梨花随微风绽放。旁为黄慎草书自作诗："当垆女子鬓岧巁，窄袖新奇短短衫。自言江南风景多，梨花小雨燕呢喃。"

Scene of Pear Blossom and Spring Swallows

Huang Shen (Qing dynasty)
23.5cm×28cm

Huang Shen was known as one of the Eight Eccentrics of Yangzhou, that is, painters active in the Qing dynasty who were known for rejecting the orthodox ideas about painting in favor of a more expressive and individualist style. Huang was adept at drawing inspiration from ordinary folk and everyday life. This work, which was painted with a thick brush, depicts pear blossoms and spring swallows. Next to the painting is a poem written by Huang in cursive script that reads: "There is a woman who sells liquor wearing a cliff-like bun / She wears her hair tied up and her gown short / She speaks of the beautiful views of Jiangnan / The pear blossoms bloom in the misty rain by the twittering swallows."

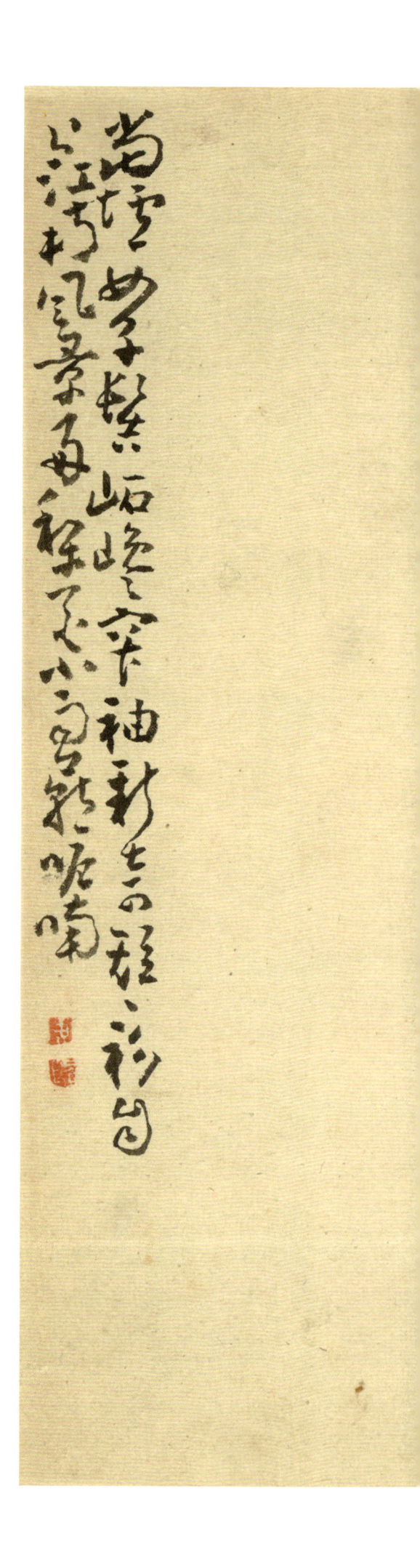

瑞虎佑安──二○二二新春展
THE TIGER AS TALISMAN: 2022 CHINESE NEW YEAR EXHIBITION

038

《虎》轴

清　李世倬
高 157 厘米，宽 81 厘米

指画即以手指代替毛笔作画，是中国传统国画艺术中的一种画法。李世倬为清代著名指画画家高其佩之甥，亦擅指画，此轴即是其指画之作。所绘虎形用焦墨细擦而成，表现出轻重、浅深之度。

Tiger Scroll Painting

Li Shizhuo (Qing dynasty)
157cm×81cm

Finger painting is a commonly used method in traditional Chinese art. This finger painting was created by Li Shizhuo, who was a nephew of Gao Qipei, a famous finger painter in the Qing dynasty. This fine depiction of a tiger is created using the dense ink technique, which brings lightness and depth to the work.

瑞虎佑安——二〇二二新春展
THE TIGER AS TALISMAN: 2022 CHINESE NEW YEAR EXHIBITION

中国国家博物馆历史文化系列丛书

039
《山村写景图》扇面

清　李世倬
高 17.5 厘米，宽 51.5 厘米

此扇面绘制人物、村舍、柴门、农犬等物象，清朗明快。将山间雪后初霁、霞光微茫的怡人景观呈现于前。

瑞虎佑安——二〇二二新春展
THE TIGER AS TALISMAN: 2022 CHINESE NEW YEAR EXHIBITION

Scene of a Snowy Mountain Village

Li Shizhuo (Qing dynasty)

17.5cm×51.5cm

This fan depicts figures, cottages, hovels, farm dogs, and other objects in clear and bright composition. It presents a pleasant landscape in front of the mountains after the first fall of snow and the faint glow of the sun.

040
《婴戏图》轴

清　闵贞
高 93.7 厘米，宽 56.4 厘米

闵贞（1730—1788），字正斋，祖籍江西南昌，侨居湖北汉口。他山水、人物、花鸟画皆能，尤擅人物画，笔墨奇纵，线条简练，形神生动。图绘五小儿点爆竹的嬉戏之景，构图巧妙，通过绘一孩童大胆点火捻的夸张动作，将观众的目光吸引至左下角"不起眼"的爆竹上，使得观者更能感受到画中的庆贺气息，传递"爆竹除岁""竹报平安"之意。

款署："乾隆己丑花朝日。正斋闵贞画。"钤"闵贞之印"白文方印、"正斋"朱文方印。鉴藏印有"秀峰"朱文方印等三方。

Pictorial Scroll of Children Playing

Min Zhen (Qing dynasty)
93.7cm×56.4cm

The picture depicts five children lighting firecrackers. Its clever composition juxtaposes the children's bold and exaggerated movement with the firecrackers in the lower left corner, creating an atmosphere of celebration.

瑞虎佑安——二〇二二新春展
THE TIGER AS TALISMAN: 2022 CHINESE NEW YEAR EXHIBITION

041

"慎德堂"款粉彩婴戏图盘

清道光
底径 14.5 厘米，高 5 厘米，口径 25 厘米

瓷盘收口、弧腹、圈足。盘内白地粉彩绘制庭院婴戏场景图。童子们手持多种具有吉祥寓意的玩具，有"岁岁平安""蟾宫折桂""冠带相传"之意。盘底部有"慎德堂制"楷书款，为清道光时期堂名款瓷器代表作。慎德堂颇受道光皇帝喜爱，其日用器上均需带"慎德堂"款，以供御用。

Famille-rose Porcelain Plate with Children Playing with "Shendetang" inscription

Daoguang reign, Qing dynasty
Diam. of base 14.5cm, H. 5cm, Diam. of mouth 25cm

This porcelain plate has a round-rimmed mouth, curved body, round foot, and white background. The painting on the inside of the plate depicts a children playing scene in a courtyard. Children are holding a variety of toys with auspicious meanings. Shende Hall was very popular with the Daoguang Emperor, so that all of his household utensils had to be inscribed with the characters "Shendetang"(Shende Hall).

慎德堂製

042

《梅花水仙》扇面

清　赵之琛
高 17.4 厘米，宽 50 厘米

梅是花中四君子之一。扇面设色清雅，采取兼工带写的小写意手法绘制红梅、翠竹、水仙，其中梅花枝条笔致坚挺，骨力雄秀，熔铸有金石气味；水仙叶片取势别致，变化丰富。

画面构图疏落有致，设色清丽淡雅，不仅描绘出物象在自然中生机勃勃的状态，更蕴涵了文人画特有的雅致韵味。

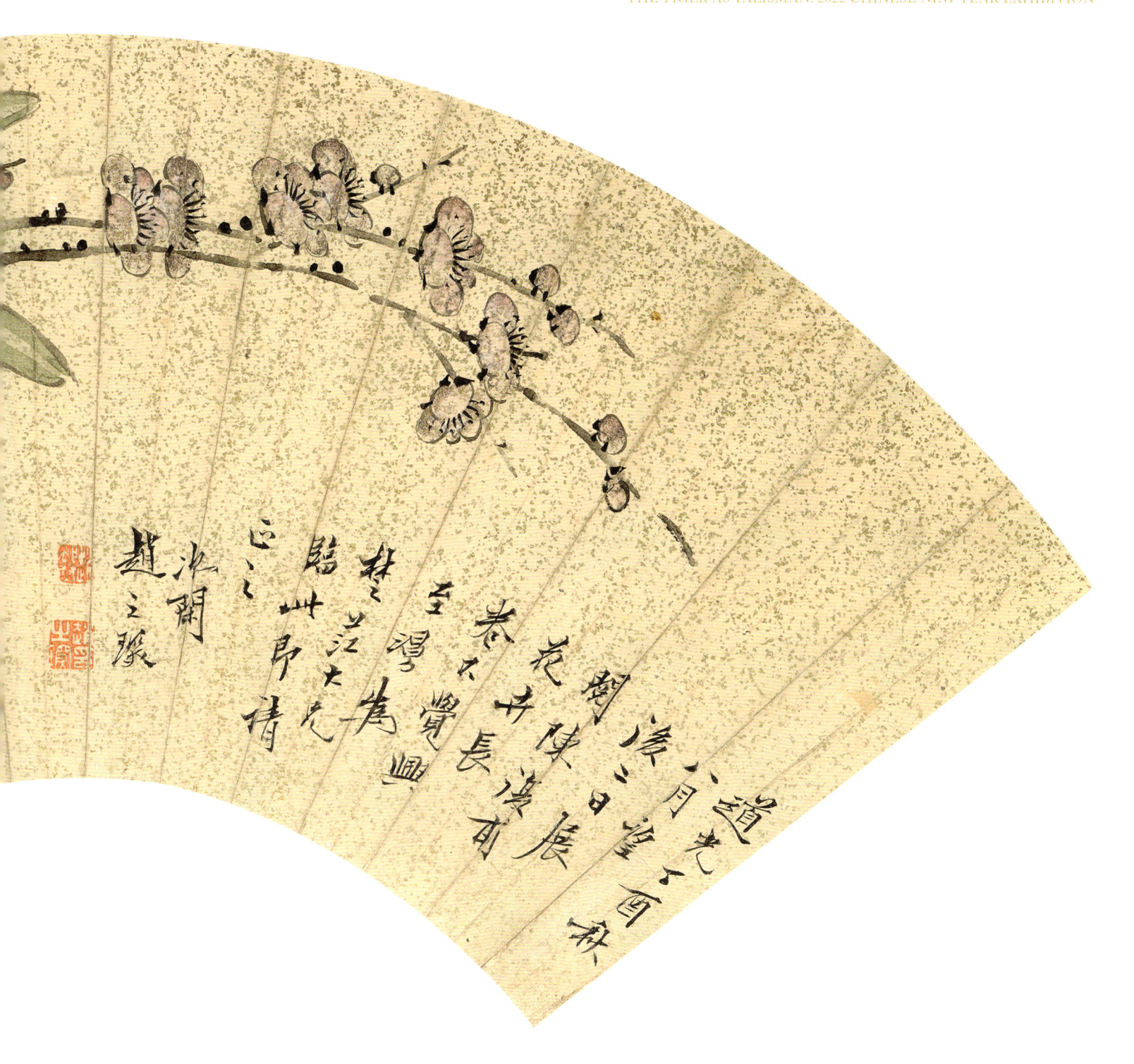

瑞虎佑安——二〇二二新春展
THE TIGER AS TALISMAN: 2022 CHINESE NEW YEAR EXHIBITION

Fan with Plum Blossom and Sacred Lily Illustrations

Zhao Zhichen (Qing dynasty)

17.4cm×50cm

Along with the chrysanthemum, bamboo, and orchid, the plum blossom is known as one of the Four Gentlemen in traditional Chinese ink-and-brush painting. It is painted elegantly here on this fan in red, with emerald-green bamboo and sacred lilies. The branches of the plum blossoms are strong and firm, while the leaves of the sacred lilies are painted with unique variation and well-roundedness.

043

粉彩灯景平安如意图碗

清道光
高 6.3 厘米，口径 14.8 厘米，足径 5.8 厘米

此碗撇口，斜弧腹，圈足。碗内壁施白釉，外壁白地粉彩折枝宝相花纹，四开光内绘瓶插稻穗、如意花灯和文玩清供图景。外底篆书"大清道光年制"六字款。宝相花，集中莲花、牡丹、菊花和石榴花特征，有吉祥之寓意。"穗"谐音"岁"，"瓶"谐音"平"，取意岁岁长明，五谷丰登，吉庆有余。

Famille-rose Porcelain Bowl with Auspicious Lantern

Daoguang reign, Qing dynasty
H. 6.3cm, Diam. of mouth 14.8cm, Diam. of foot 5.8cm

This bowl has a flared mouth, obliquely curved body, and round foot. White glaze has been applied to the interior of the bowl, while the exterior is white with *famille-rose* folded branches and treasure-like patterns. The bowl has been painted with a scene featuring ears of rice, auspicious lanterns and antique decorations. The auspicious meaning conveyed by this piece is one of eternal brightness, plentiful harvests and abundant blessings.

THE TIGER AS TALISMAN: 2022 CHINESE NEW YEAR EXHIBITION

044

白玉虎纹扳指

清
直径 3.2 厘米，高 3 厘米

白玉质地，外壁阴刻虎纹、蝠纹。"蝠"谐音"福"，有"福虎"之意，寓意吉祥，在清代玉雕中较为常见。扳指由"韘"演变而来。韘是一种专供射箭拘弦时以保护手指的器具。

White-jade Thumb-ring with Carved Tiger Design

Qing dynasty
Diam. 3.2cm, H. 3cm

This white-jade thumb-ring features a carving of a tiger and bat. Bats are a common motif in traditional Chinese art, since the Chinese character for bat is pronounced the same as the character for good fortune, and were a frequent theme in the jade carvings of the Qing period. Thumb-rings were originally designed to protect the thumb during archery.

045

内青花外黄地粉彩三羊开泰纹碗

清光绪
高 6.8 厘米，口径 15 厘米，足径 5.8 厘米

据《清宫造办处活计清档》记载，"三羊开泰"纹碗是乾隆帝钦命烧造的春节用器之一，后一直沿袭烧造至晚清。此器撇口，斜弧腹，圈足。内壁绘折枝梅花，外壁三开光内施彩绘，"戟"谐音"吉"，"磬"谐音"庆"，石榴果象征多子，寓意三羊开泰、吉庆有余、多子多福；黄地"轧道"工艺，有锦上添花之意。

"Three Rams of Tranquility" Porcelain Bowl with Blue-and-white Interior and *Famille-rose* Exterior

Guangxu reign, Qing dynasty
H. 6.8cm, Diam. of mouth 15cm, Diam. of foot 5.8cm

Originally one of the utensils for the Spring Festival ordered to be made by the Qianlong Emperor, this kind of bowl in "Three Rams of Tranquility" style has since been a commonly made porcelain piece. It has a flared mouth, oblique body, and round foot. Its interior features a painting of folded branches and plum blossoms, while the exterior depicts three rams in reserved panels, which symbolize numerous offspring and good fortune. The craftsmanship exhibited in the yellow-glazed background provides the crowning touch to the piece.

瑞虎佑安——二〇二二新春展
THE TIGER AS TALISMAN: 2022 CHINESE NEW YEAR EXHIBITION

中国国家博物馆历史文化系列丛书

046
白玉兽面纹钺形佩

清
高 6.6 厘米，宽 3.5 厘米

此件白玉质地。上部雕一立虎，前腿直立，后腿弯曲，呈蹲踞状，额头阴刻一个"王"字，下部为一兽面纹玉钺。民间以虎为百兽之王。《广雅》记载："钺，斧也。""斧"与"府""福"谐音，"兽"与"寿"谐音，搭配在一起，意为"府（福）上有寿"，其吉祥寓意更为丰富，为清代玉雕常见题材。

Ornament Carved from White Jade in the Shape of a Battle-axe with an Animal Mask Design

Qing dynasty
H. 6.6cm, W. 3.5cm

This piece of white jade depicts a standing tiger which is carved onto its upper part. The tiger is in a squatting position, its front legs upright and back legs curved backwards. The lower part shows a battle-axe with an animal mask design. Since the Chinese character for axe sounds similar to the word for good luck, it has richer auspicious meaning when paired with auspicious animals, and this was a common theme for the jade carvings of the Qing dynasty.

瑞虎佑安——二〇二二新春展
THE TIGER AS TALISMAN: 2022 CHINESE NEW YEAR EXHIBITION

047

草书"虎"轴

清　翁同龢
高 133cm 厘米，宽 65.2 厘米

晚清重臣翁同龢出生于清道光十年（1830），是庚寅年，对应生肖为虎，故常大书"虎"字以赠友或自勉。此轴上钤"壬寅壬寅戊寅丙寅"朱文方印，应为书写时间，即壬寅（1902）年壬寅（正）月戊寅（十七）日丙寅（3 至 5 点）之时。翁氏当时已届高龄，仍然笔力不减，一气呵成，雄劲浑厚。

Character of Tiger Written on a Scroll in Cursive Script

Weng Tonghe (Qing dynasty)
133cm×65.2cm

Weng Tonghe was a senior statesman of the late Qing dynasty. Since he was born in the year of the tiger — on the morning of April 27th in the tenth year of the Daoguang reign in the Qing dynasty (1830) — he had a special affection for the feline throughout his life. This cursive script calligraphy of the character for tiger was written on a hanging scroll being hung in the middle of the wall of the hall. The work was completed in one vigorous stroke by Weng in his later years.

THE TIGER AS TALISMAN: 2022 CHINESE NEW YEAR EXHIBITION

048

白玉虎纹鼻烟壶

清
高 4.5 厘米，宽 3.2 厘米，厚 1.8 厘米

此壶直口，溜肩，弧腹，平底，圈足。壶身一面阴刻篆书"美玉珍玩"四字，另一面阴刻一只老虎，虎做回首张望状，形体高大，充满力量与动感。虎寓意勇猛吉祥，为明清玉雕常见纹饰。

White-jade Snuff-bottle with Tiger Carving

Qing dynasty
H. 4.5cm, W. 3.2cm, T. 1.8cm

This snuff bottle has a straight mouth, sloping shoulders, curved body, flat bottom and round foot. One side features a carving of a tiger. The tiger, which is portrayed here in full power and movement, symbolizes bravery and auspiciousness, and is a common ornamentation in Ming and Qing jade carvings.

049
彩绣岁朝清供图

清
高 61 厘米，宽 34 厘米

"岁朝"即一岁之始，指农历正月初一。"岁朝图"是为庆贺"岁朝"所作之图，常通过画中物品的名称谐音、民俗寓意或历史典故来表现美好的新年祝福。图中宝瓶，取意"平安"；如意和磬，取"吉庆（击磬）如意"，体现了人们在辞旧迎新之时，对未来生活的美好愿景。

Pictorial Strip Made from Colored Embroidery Depicting New Year Decorations

Qing dynasty
61cm×34cm

This pictorial strip depicts elegant decorations for the Chinese New Year, including a vase which signifies tranquility, and a Ruyi-sceptre and chime stone which carry auspicious significance. Together they reflect a hopeful vision for the future in which the old is fare welled and the new is ushered in.

瑞虎佑安──二〇二二新春展
THE TIGER AS TALISMAN: 2022 CHINESE NEW YEAR EXHIBITION

050

《梅鹊图》轴

齐白石　1952 年
高 100.7 厘米，宽 42.7 厘米

梅花和喜鹊谐音"喜上眉梢"，寓意吉祥喜庆。梅花从左侧倒垂入画，梅枝以水墨晕染，花瓣用红色圆笔点染，色泽鲜艳浓丽，浓墨点蕊。右侧写一喜鹊昂首嬉鸣，栖于树干上，用笔遒劲有力，墨色巧妙地渲染出鸟羽的颜色和质感，造型生动传神。整幅画面疏朗有致，层次分明，清新雅丽。款识"尔承乡先生雅属，齐白石八十八岁"，钤印二方"白石""要知天道酬勤"。

Scroll of a Magpie and Plum Blossom

Qi Baishi (1952)
100.7cm×42.7cm

In Chinese, the words for plum blossom and magpie, when combined, sound similar to an expression which denotes a look of joy appearing between the brows. As a result, these objects take on an auspicious meaning when depicted in Chinese art. In this powerful painting by Qi Baishi (also known as Qi Huang), the plum blossom is depicted in luscious red tones, while the magpies are shown frolicking on the tree trunk, imbuing the work with a cheerful ambience.

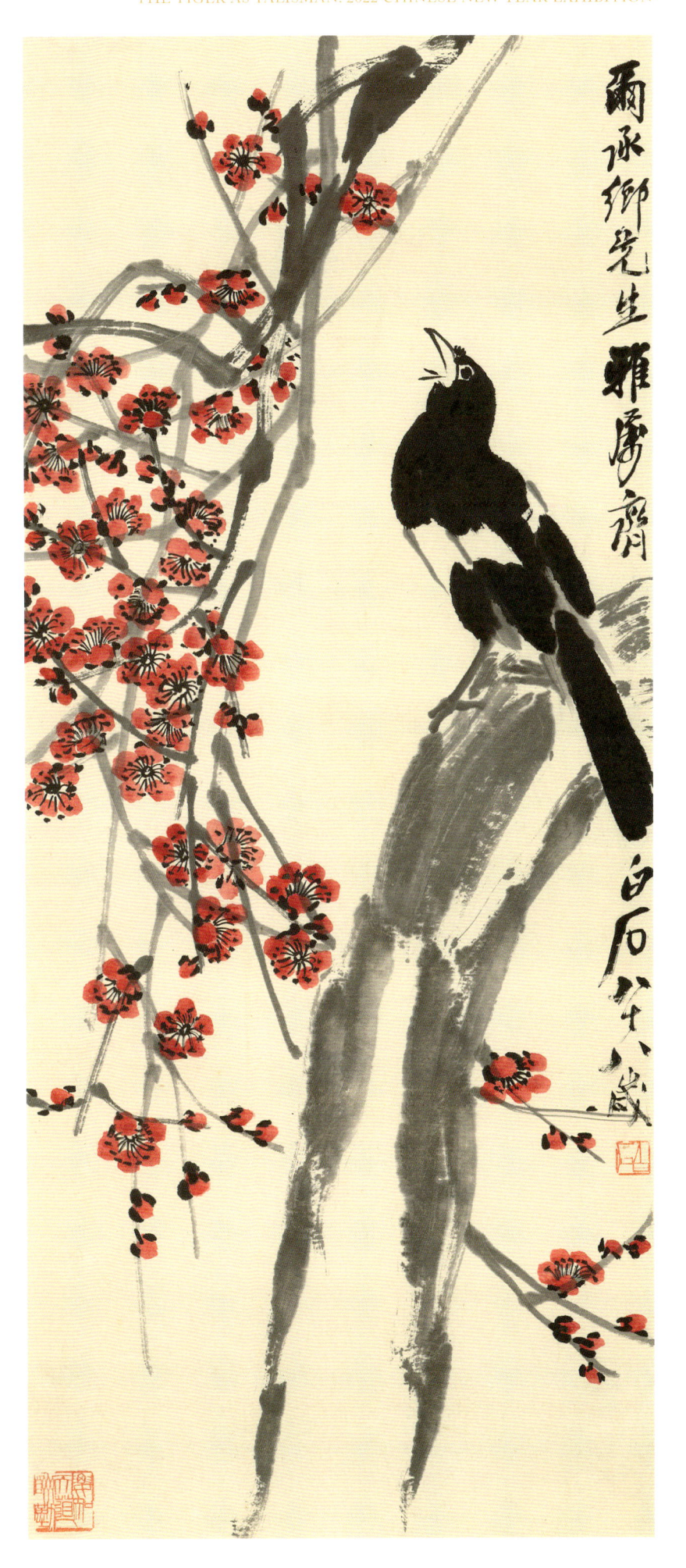

瑞虎佑安——二〇二二新春展
THE TIGER AS TALISMAN: 2022 CHINESE NEW YEAR EXHIBITION

中国国家博物馆历史文化系列丛书

051

《东北虎》特种邮票

1979 年

5 厘米 × 3 厘米

图案选自中国近现代著名画家、连环画艺术大师刘继卣（1918—1983）的国画原画。小写意虎形象笔墨纵横、气势慑人，展现出东北虎勃发的力量和生命的美感。

Siberian Tiger Special Stamps

1979

5cm×3cm

The designs for this special stamp were selected from the traditional Chinese paintings of Liu Jiyou (1918-1983), a famous painter in modern China and a master of comic strip art. These powerful freehand sketches show the power of the Siberian tiger and the beauty of life.

瑞虎佑安——二〇二二新春展
THE TIGER AS TALISMAN: 2022 CHINESE NEW YEAR EXHIBITION

052

《十二生肖》剪纸

刘静兰　1996 年

84 厘米 × 84 厘米

此套生肖剪纸刀工细腻，色彩明快，将传统文化与现代审美有机地融为一体。

Twelve Chinese Zodiacs Papercut

Liu Jinglan (1996)

84cm×84cm

With its exquisite craftsmanship and bright color, this set of papercut organically integrates the traditional culture with contemporary aesthetics.

99

053

《伏虎罗汉》瓷塑

郭琳山　1997 年

长 31 厘米，宽 12 厘米，高 30 厘米

瓷塑的虎及罗汉袈裟部分即为南宋官窑粉青釉，釉质细腻，釉色如青玉，开片均匀。罗汉的人形部分采用陶制捏塑的手法，在色彩、质感、表现手法上与青釉部分形成了鲜明的反差，呈现出独特的审美意趣。

Tiger-Taming Arhat Ceramic Figurine

Guo Linshan (1997)

L. 31cm, W. 12cm, H. 30cm

This ceramic figurine depicts a tiger being tamed by an arhat. It is reminiscent of the lavender-grey glaze of the official kilns of the Southern Song dynasty. The glaze is delicate, its toner resembles that of greenish jade, and its slicing is uniform. The figure of the arhat was created using pottery molding techniques, which forms a sharp contrast with the greenish glaze in terms of color, texture, and performance, presenting a unique kind of aesthetic.

054

《雄威舞骤雪》粉彩瓷盘

吴锦华　2005 年

直径 64 厘米，厚 6 厘米，进深约 40 厘米

瓷盘上的虎于风雪中下山，身姿威猛，雄风凛冽，王者之气扑面而来。皮毛紧绷、肌肉鼓胀、颈毛竖立，表现出咄咄气势。

Majestic Tiger in the Snow Famille-rose Ceramic Plate

Wu Jinhua (2005)

Diam. 64cm, T. 6cm, D. approx. 40cm

This porcelain plate depicts a tiger coming down a mountain in the wind and snow. The tiger's king style is revealed in its mighty posture, majestic bearing, tight fur, bulging muscles, and raising hackles.

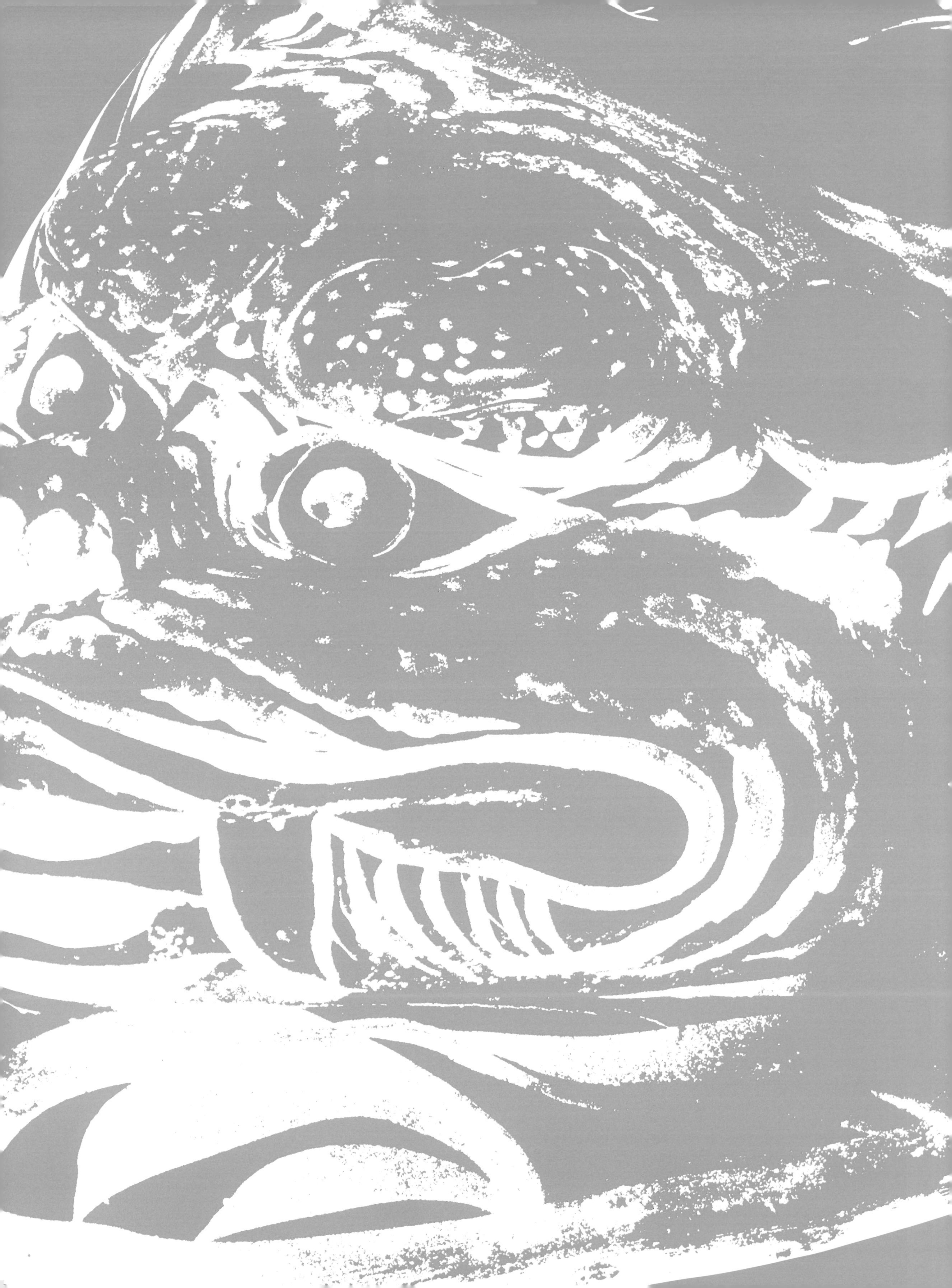

瑞虎佑安

二〇二二 新春展

书画家作品
（以姓氏笔画排序）

055
山君闲逸

刘万鸣（特约画家）
高 31 厘米，宽 45 厘米

虎在百山常居東谷出沒無時向枯槁巖蔚蕭
泉洞畔飲響相直往往頂平鼻齉
猛獸入林蕭木驚齉壞想無疣無恬
絕狐獼猴狌剝秘起昏有驚異其背屁
直身施巡山不萬尤所一齉狀峨
跡下暴崒啼樓趙戶白山夏水嘯依
十九口居東城昌蕪治利富卑寫虎子
寄情

無虎善王那山林病昔洞春藝泉岢
嶂嶺獨戰一草必得衡有彭區號能
梁山何所朝臨虎寄讚魂大王虎俶右一
吟雲山門真異天𪔠之

THE TIGER AS TALISMAN: 2022 CHINESE NEW YEAR EXHIBITION

生在西山常居東谷出沒無時向枯樹巖前幽
泉澗呼飢餐渴飲飽暖隨宜一任縱橫平素勇
猛走入叢林萬木披靡誰知得無憂無愁斷
絕狐疑舉鬚絕齒雙眉有萬里風生八面威
自睹夜巡山不離北所一靈不昧百獸皈依
跳下懸崖咆哮振地月白山寒水滿溪牧牙
爪且藏身遁迹獨步雲歸丁酉年冬十月二
十九日居東坡區夢谷劉巌鳴寫虎子
寄情

無愧獸王眾山林擁看澗聲聽泉音
峰巔獨峙一聲吼撼動夜坐昆雄魂
梁山何所聞猛虎寄雄魂大王威風在一
呼雲山門萬鳴又記之

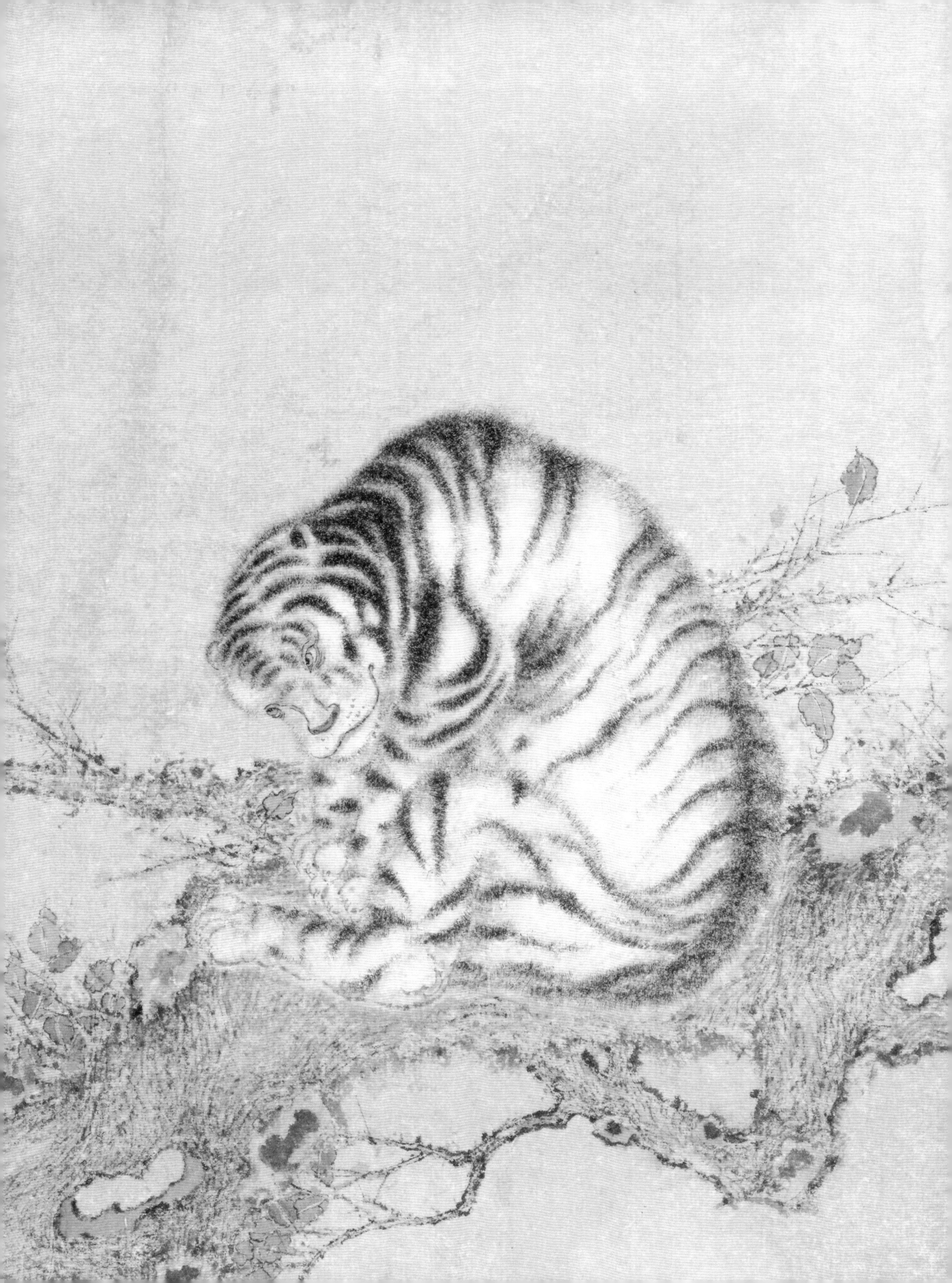

中国国家博物馆历史文化系列丛书

056
春联

刘万鸣（特约画家）
高 179 厘米，宽 29 厘米

摘果归来品香气，
闲时邻里话千家。

瑞虎佑安——二〇二二新春展
THE TIGER AS TALISMAN: 2022 CHINESE NEW YEAR EXHIBITION

摘果歸來品香氣

閒時鄰里話千家

057

望帝春心托杜鹃

马硕山

高 137.5 厘米，宽 70 厘米

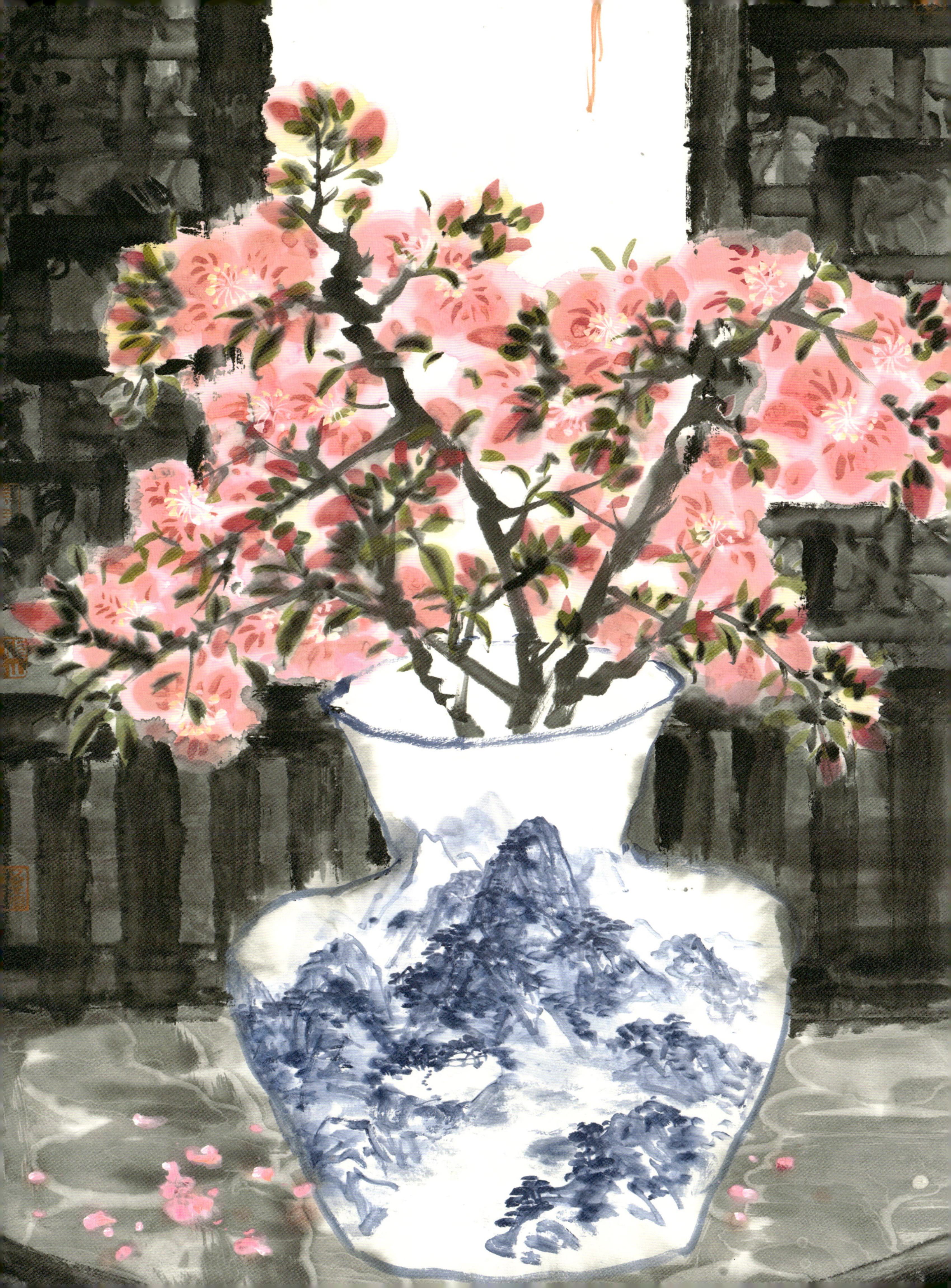

058

春风三月绿芭蕉

马硕山

高138厘米，宽69厘米

059

百合忘忧草

马硕山

高 137 厘米，宽 70 厘米

060

铁干铜皮耐风雪

马硕山

高 138 厘米，宽 70 厘米

瑞虎佑安——二〇二二新春展
THE TIGER AS TALISMAN: 2022 CHINESE NEW YEAR EXHIBITION

061

红了樱桃、绿了芭蕉

马硕山

高 137 厘米，宽 69.5 厘米

062
杨巨源《城东早春》诗

王高升
高 137 厘米，宽 68.5 厘米

诗家清景在新春，
绿柳才黄半未匀。
若待上林花似锦，
出门俱是看花人。

录巨源法书辛丑冬月嘉果

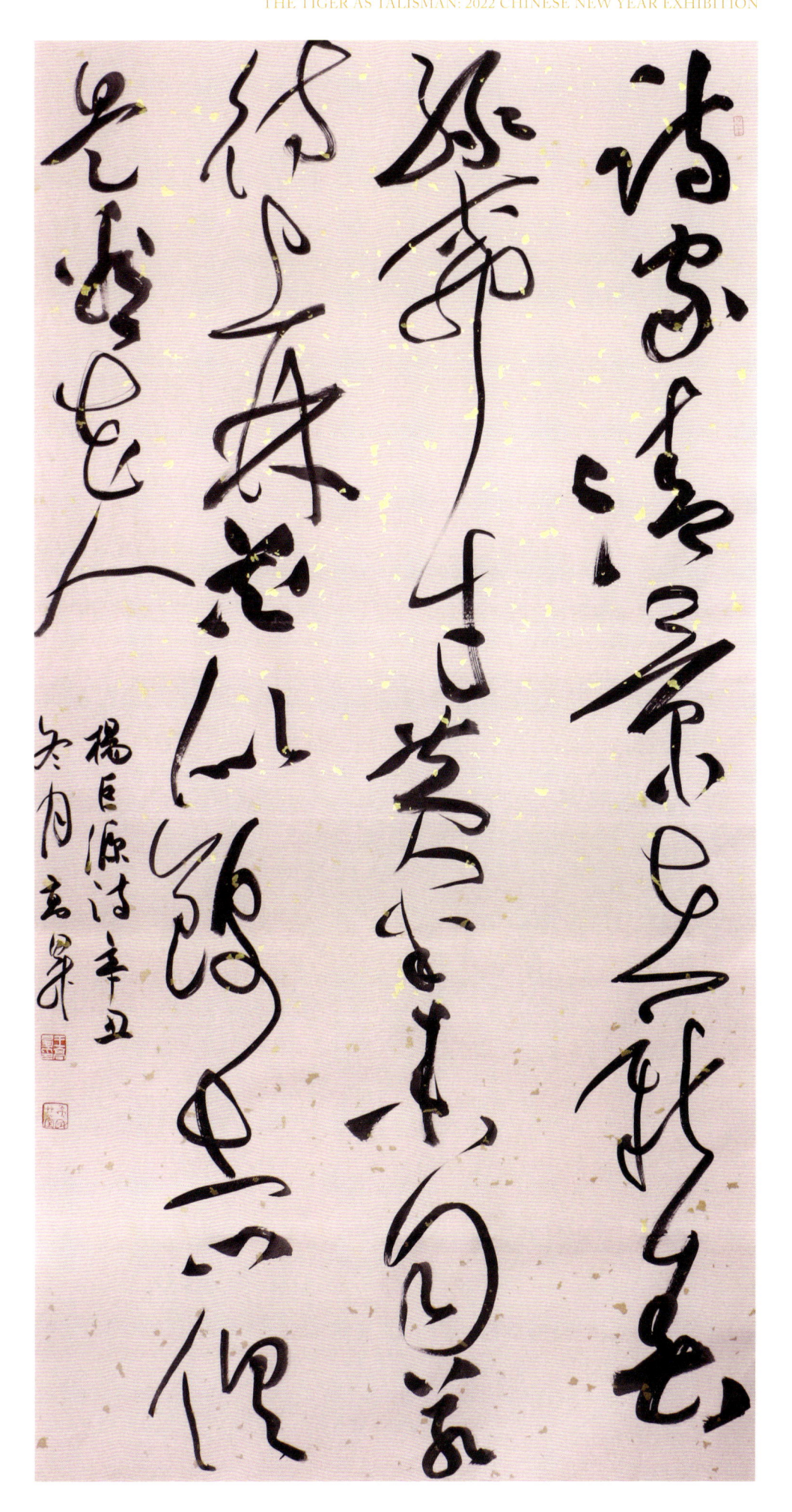

063
春联

王高升
高 178 厘米，宽 27 厘米

万里征程龙腾虎跃，
九州春锦燕舞莺歌。

064
春联

王高升
高 179.5 厘米，宽 31.5 厘米

丹青雅颂复兴伟业，
翰墨欣迎新岁华章。

065

高克恭诗意图

石峰

高138厘米，宽68.5厘米

春雨欲晴时，山光弄烟翠。

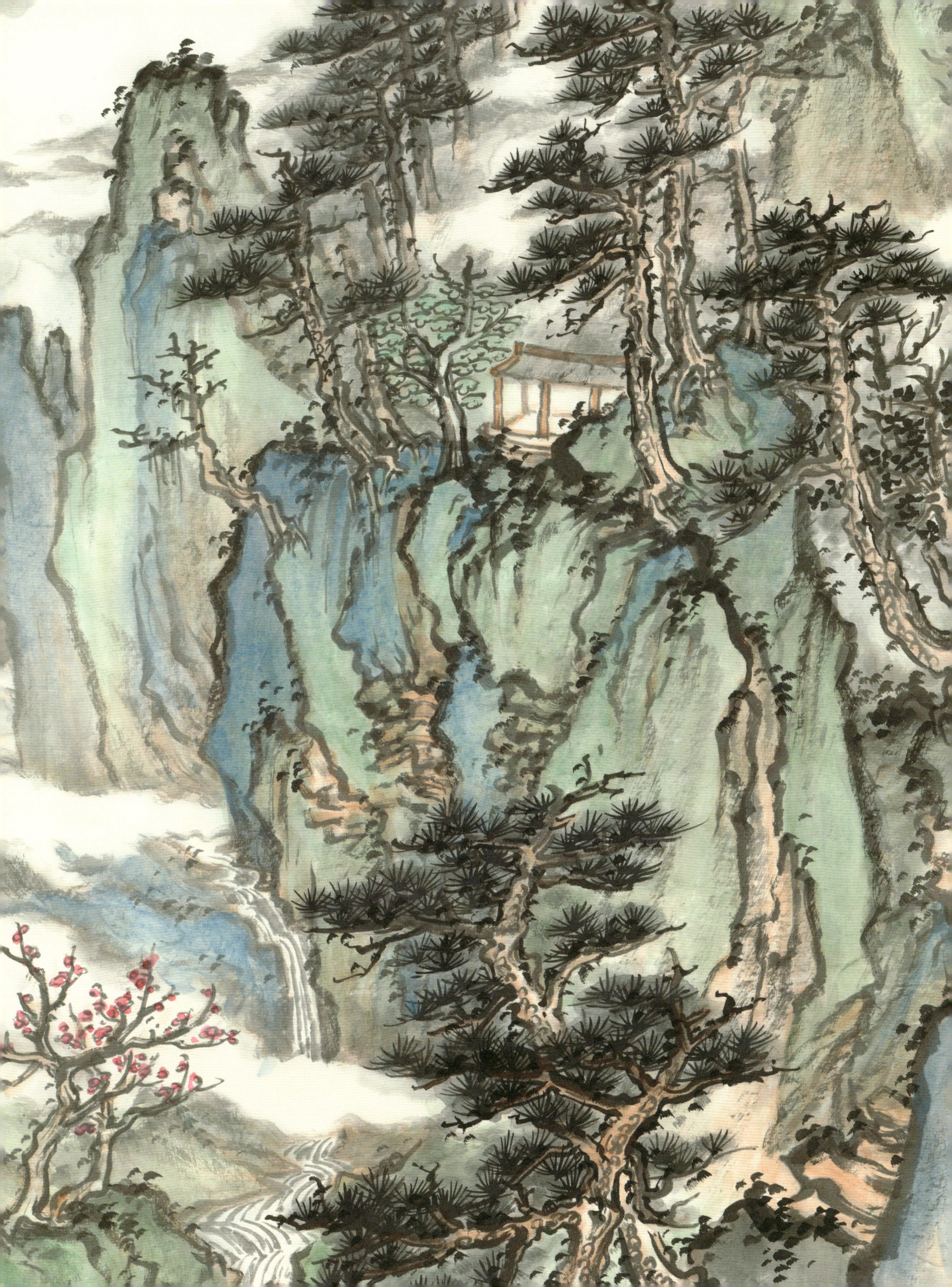

066

胸中丘壑

石峰
高138厘米，宽69厘米

067

王维诗意图

石峰
高 138 厘米，宽 65.5 厘米

安知清流转，偶与前山通。

068

松吟万壑

石峰
高158厘米，宽68.5厘米

069

翁方纲诗意图

石峰
高 138 厘米，宽 69 厘米

四面层泉落，三千丈翠飞。

中国国家博物馆历史文化系列丛书

070
钟馗迎春图

李文秋

高 136.5 厘米，宽 86.5 厘米

鍾馗迎瑞圖
壬寅新歲李文軒畫於國博

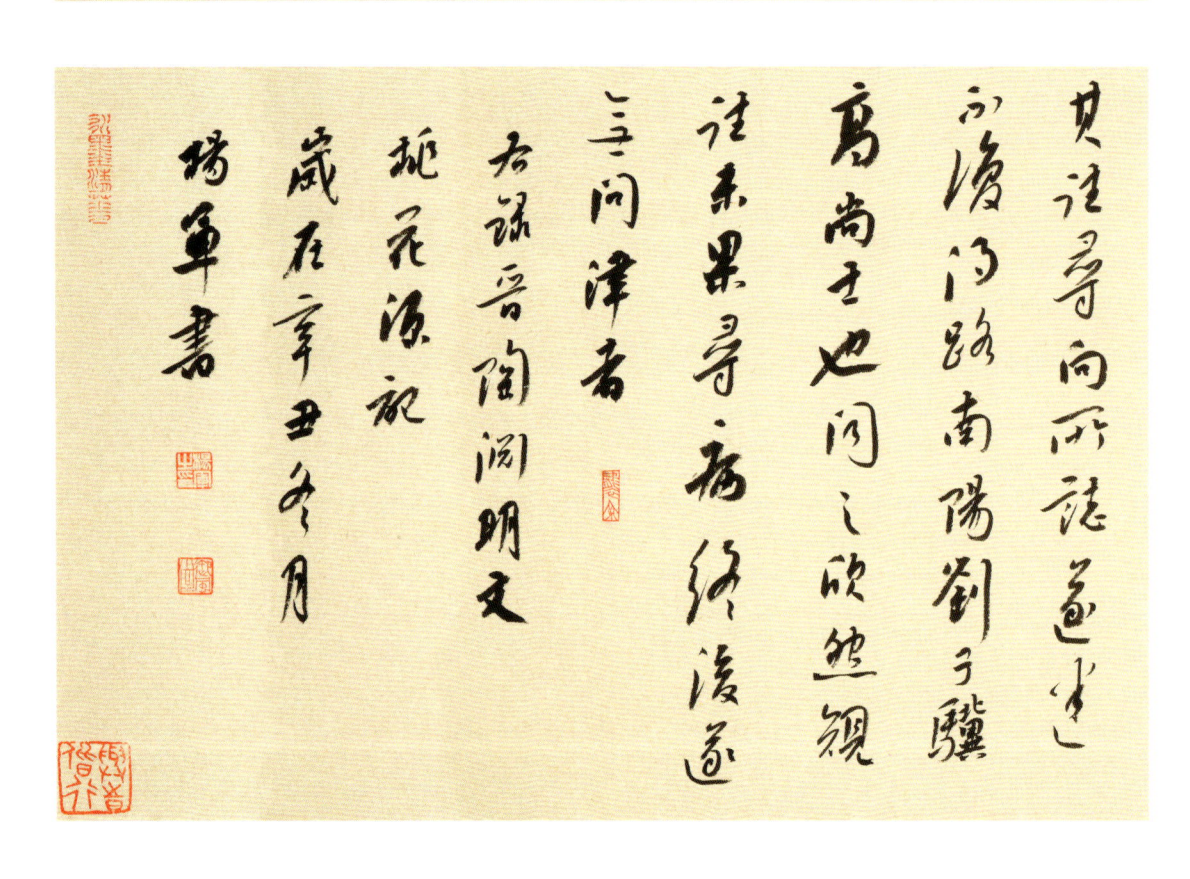

071

陶渊明《桃花源记》

杨军
高 39 厘米，宽 58 厘米（4 幅）

晋太元中武陵人捕鱼为业，缘溪行，忘路之远近。忽逢桃花林，夹岸数百步，中无杂树，芳草鲜美，落英缤纷。渔人甚异之，复前行，欲穷其林。林尽水源，便得一山，山有小口，仿佛若有光，便舍船从口入。初极狭，才通人。复行数十步，豁然开朗。土地平旷，屋舍俨然，有良田美池桑竹之属，阡陌交通，鸡犬相闻。其中往来种作，男女衣着，悉如外人。黄发垂髫，并怡然自乐。见渔人，乃大惊，问所从来，具答之。便要还家，设酒杀鸡作食。村中闻有此人，咸来问讯。自云先世避秦时乱，率妻子邑

072

李白《送孟浩然》诗

杨军
高 137 厘米、宽 72 厘米

吾爱孟夫子，风流天下闻。
红颜弃轩冕，白首卧松云。
醉月频中圣，迷花不事君。
高山安可仰，徒此揖清芬。

073

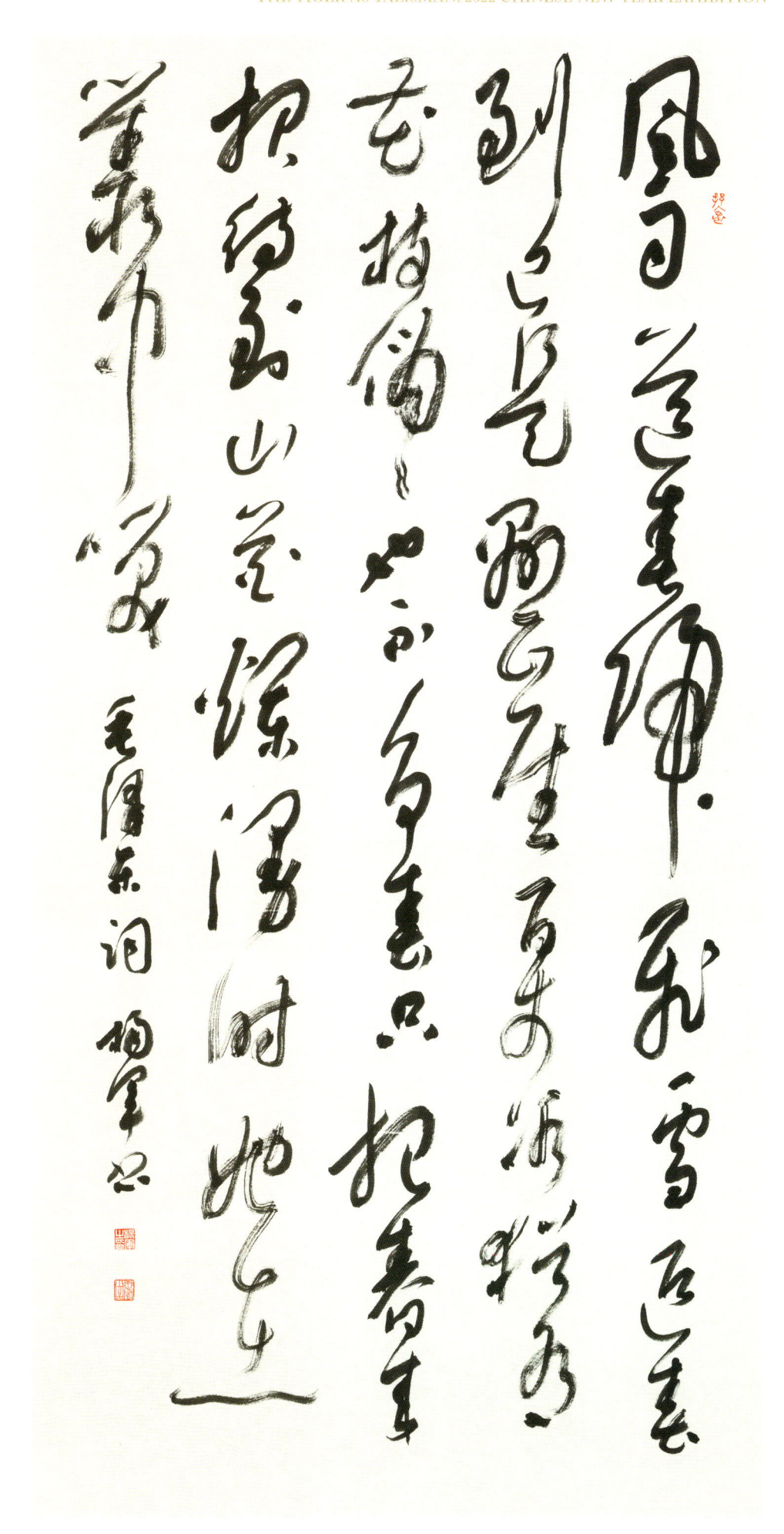

毛泽东《卜算子·咏梅》词

杨军
高 137 厘米，宽 68.5 厘米

风雨送春归，飞雪迎春到。
已是悬崖百丈冰，犹有花枝俏。
俏也不争春，只把春来报。
待到山花烂漫时，她在丛中笑。

壬戌之秋七月既望蘇子與客泛舟遊於赤壁之下清風徐來水波不興舉酒屬客誦明月之詩歌窈窕之章少焉月出於東山之上徘徊於斗牛之間白露橫江水光接天縱一葦之所如凌萬頃之茫然浩浩乎如馮虛御風而不知其所止飄飄乎如遺世獨立羽化而登仙於是飲酒樂甚扣舷而歌之歌曰桂棹兮蘭槳擊空明兮泝流光渺渺兮予懷望美人兮天一方客有吹洞簫者倚歌而和之其聲嗚嗚然如怨如慕如泣如訴餘音嫋嫋不絕

如縷舞幽壑之潛蛟泣孤舟之嫠婦蘇子愀然正襟危坐而問客曰何為其然也客曰月明星稀烏鵲南飛此非曹孟德之詩乎西望夏口東望武昌山川相繆鬱乎蒼蒼此非孟德之困於周郎者乎方其破荊州下江陵順流而東也舳艫千里旌旗蔽空釃酒臨江橫槊賦詩固一世之雄也而今安在哉況吾與子漁樵於江渚之上侶魚蝦而友麋鹿駕一葉之扁舟舉匏樽以相屬寄蜉蝣於天地渺滄海之一粟哀吾生之須臾羨長江之無窮挾飛

僊以遨遊抱明月而長終知不可乎驟得託遺響於悲風蘇子曰客亦知夫水與月乎逝者如斯而未嘗往也盈虛者如彼而卒莫消長也蓋將自其變者而觀之則天地曾不能以一瞬自其不變者而觀之則物與我皆無盡也而又何羨乎且夫天地之間物各有主苟非吾之所有雖一毫而莫取惟江上之清風與山間之明月耳得之

而為聲目遇之而成色取之無禁用之不竭是造物者之無盡藏也而吾與子之所共適客喜而笑洗盞更酌肴

核既盡杯盤狼籍相與枕藉乎舟中不知東方之既白此賦記敘了作者與友人月夜泛舟遊赤壁之所見而思以作者主觀感受為線通過主客問答形式反映作者由月夜泛舟之舒暢到懷古傷今之悲思再到精神解脫之達觀情韻深致在中國文學史上影響深遠

大誦蘇東坡赤壁賦壬戌之歲庚寅五月楊軍恭於京華御風堂

如縷舞幽壑之潛蛟泣孤舟
曹孟德之詩乎西望夏口東望武
兩東也舳艫千里旌旗蔽空釃酒
蝦而友麋鹿駕一葉之扁舟舉

075
春联

杨军
高 180 厘米，宽 27 厘米

鹤寿松龄春不老，
翰苑风和气尤清。

076
春联

杨军
高 183 厘米，宽 35 厘米

云横险壑观龙气，
路转溪桥觅虎踪。

077
迎春

罗翔
高69厘米，宽116厘米

瑞虎佑安——二〇二二新春展
THE TIGER AS TALISMAN: 2022 CHINESE NEW YEAR EXHIBITION

078
松柏延年

胡妍
高 75 厘米，宽 49.5 厘米

瑞虎佑安——二〇二二新春展
THE TIGER AS TALISMAN: 2022 CHINESE NEW YEAR EXHIBITION

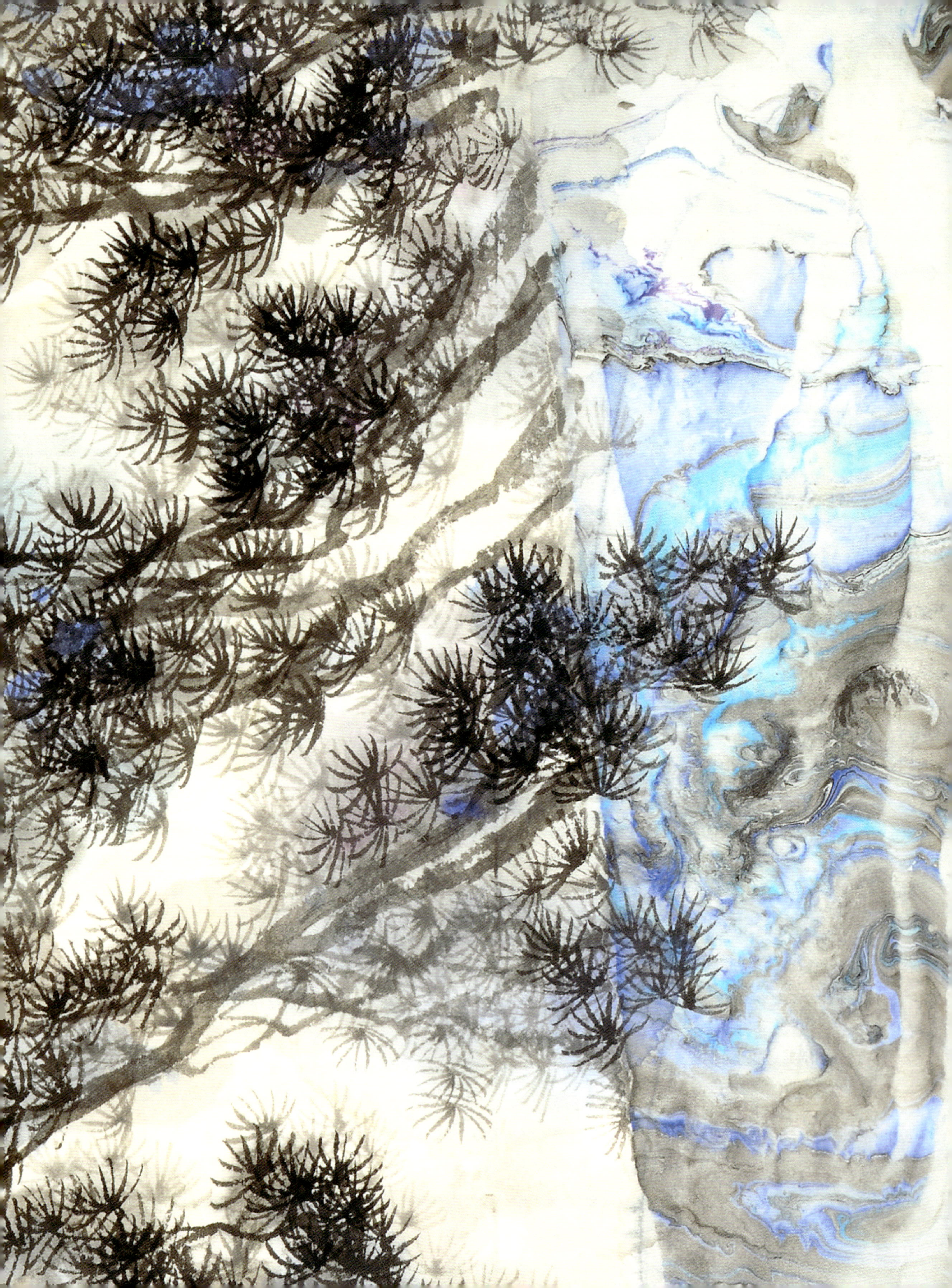

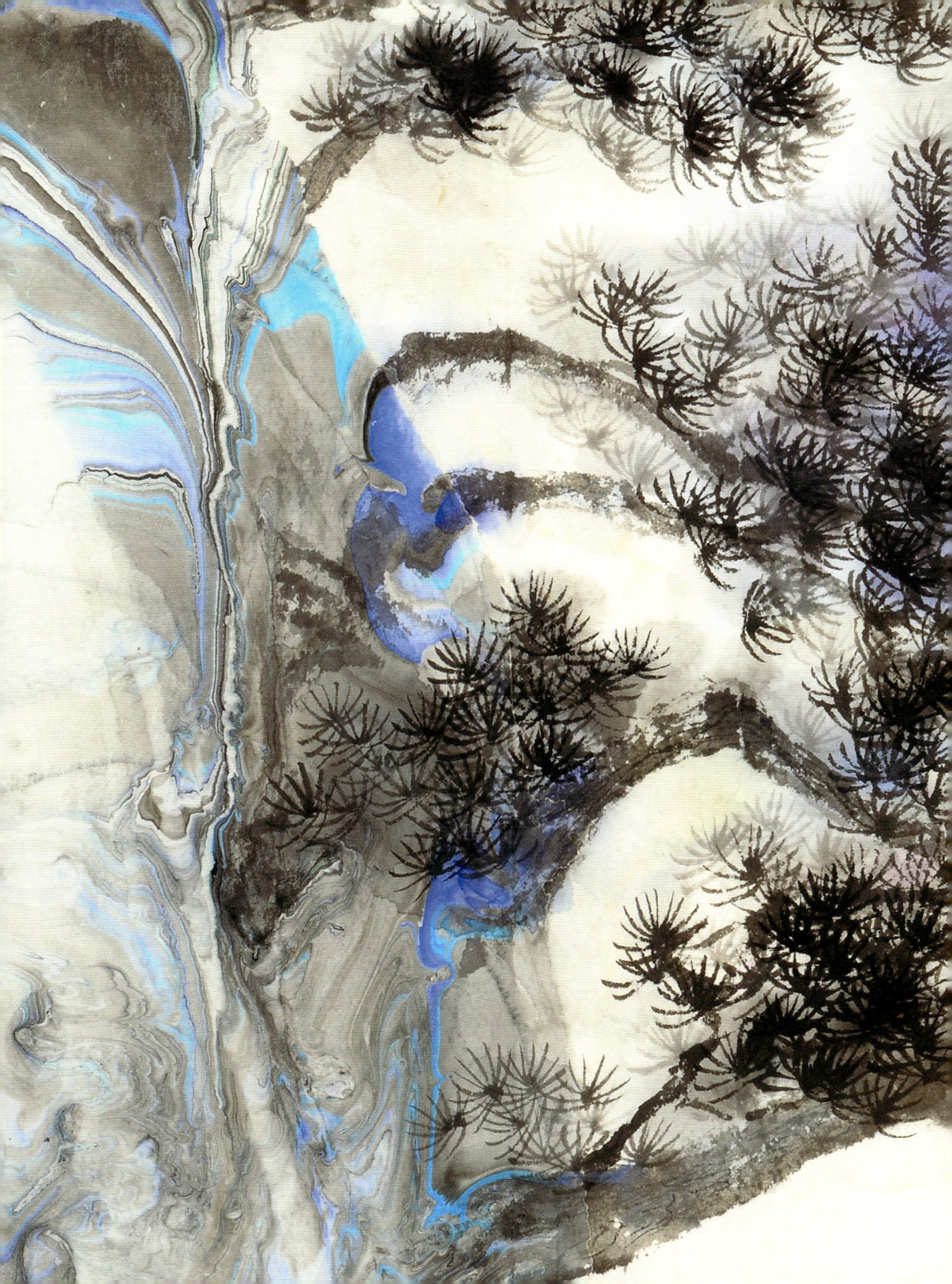

079

笛韵

赵建军
高 100 厘米，宽 49 厘米

080

溪源虎啸图

赵建军
高 136 厘米，宽 59 厘米

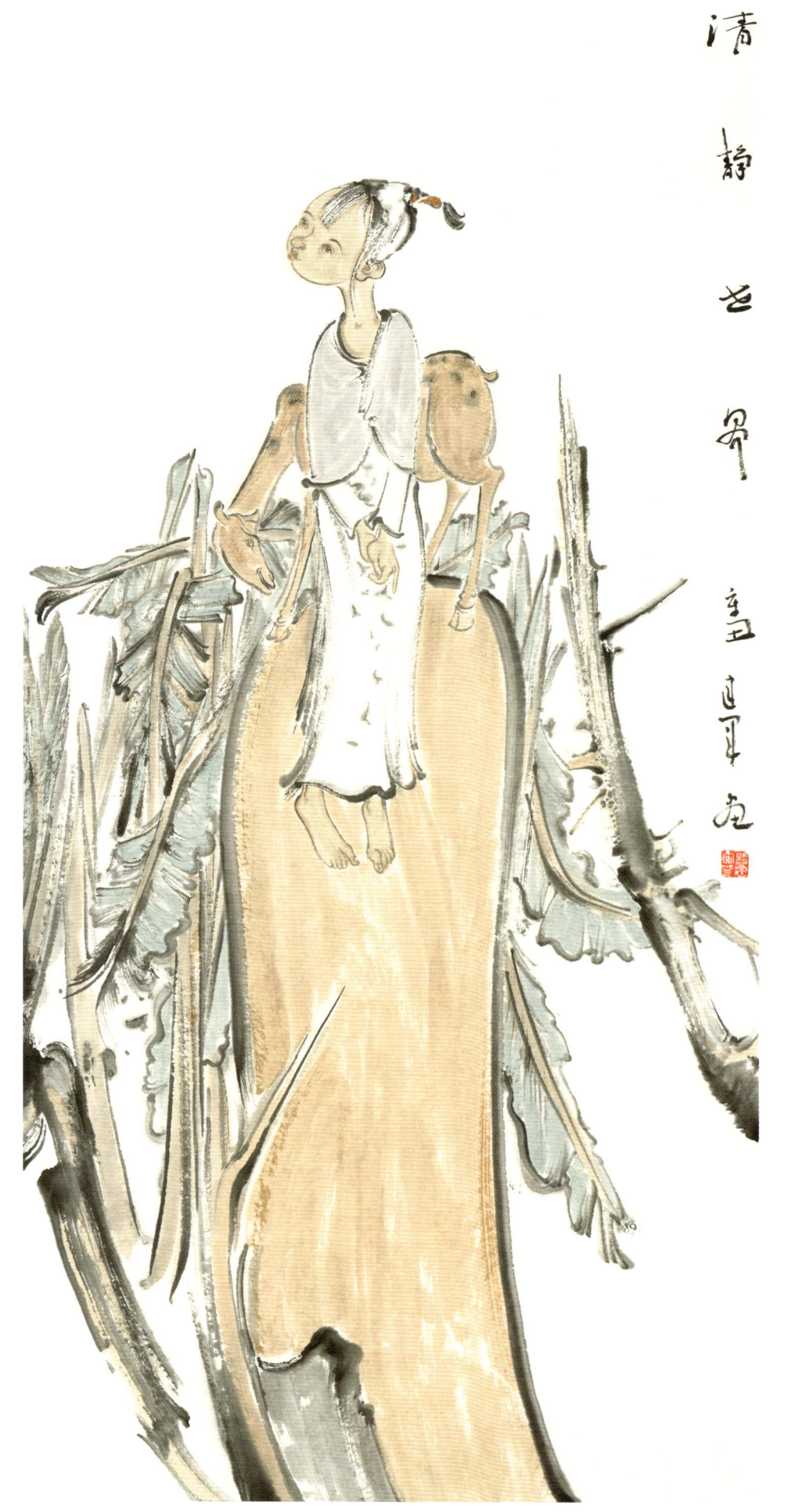

081

清净世界

赵建军
高 101 厘米，宽 50.5 厘米

082

福寿图

赵建军
高 136 厘米，宽 59 厘米

083
富春图

赵建军
高 136 厘米，宽 59 厘米

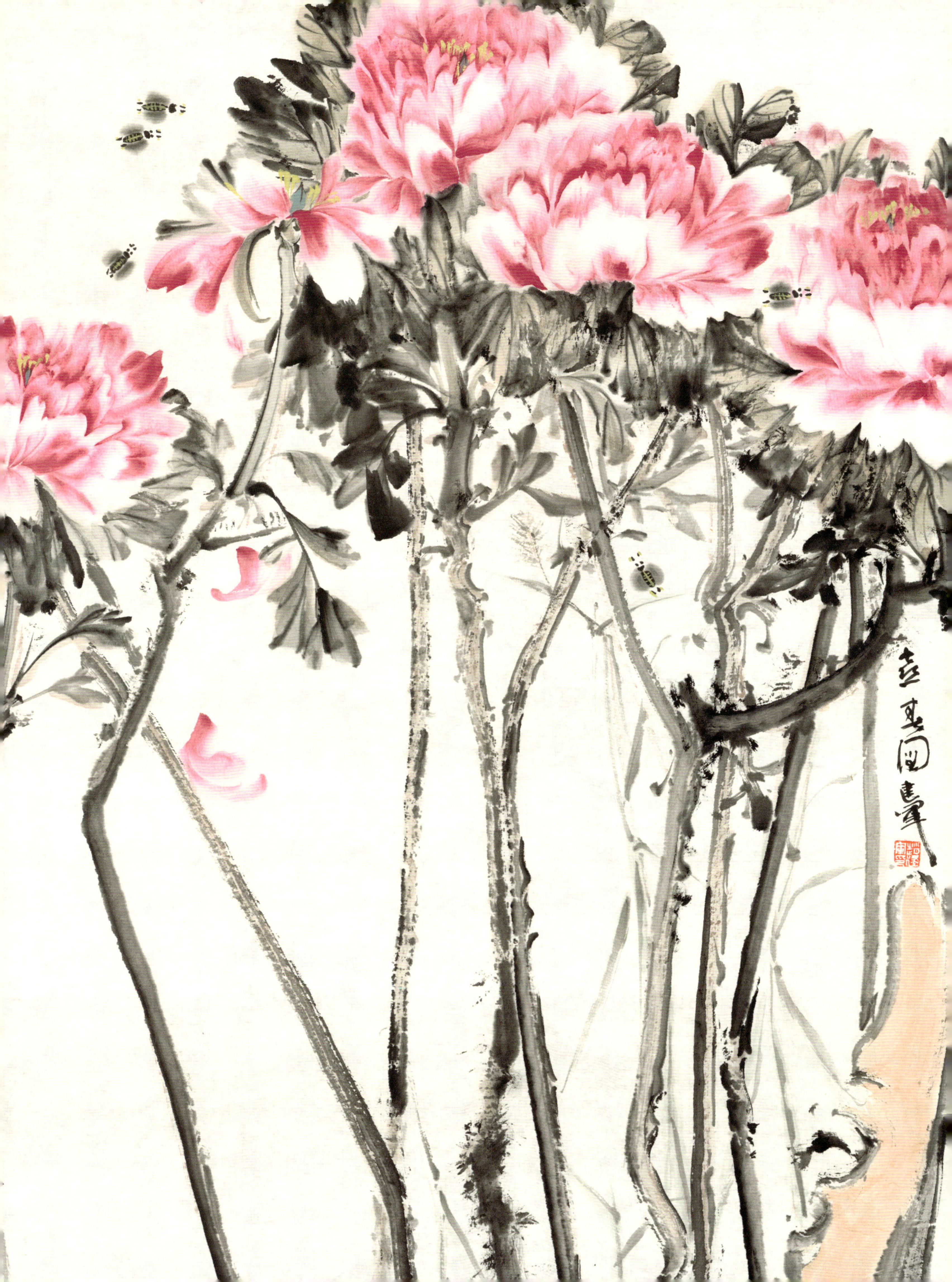

084
鲁迅《答客诮》

高秀清
高 137 厘米，宽 68 厘米

无情未必真豪杰，
怜子如何不丈夫？
知否兴风狂啸者，
回眸时看小於菟。

無情未必真豪傑

子如何不大丈夫知否

興風狂嘯者回眸時

看小於菟

錄魯迅答客誚以賀壬寅新春

高秀清書於嘉木堂 [印]

中国国家博物馆历史文化系列丛书

085
春联

高秀清
高 158 厘米,宽 29 厘米

瑞虎佑安千业旺,
三阳开泰展鸿图。

瑞虎佑安千業旺

三陽開泰展鴻圖

中国国家博物馆历史文化系列丛书

086
春联

晁岱双
高184厘米，宽28厘米

辛丑固金瓯三阳开泰，
壬寅行虎步万象更新

瑞虎佑安——二〇二二新春展
THE TIGER AS TALISMAN: 2022 CHINESE NEW YEAR EXHIBITION

辛丑固金甌三陽開泰
壬寅行康步萬象更新

087
春联

晁岱双
高 177 厘米，宽 38 厘米

宝地钟灵金瓯永固，
华堂集瑞骏业亨通。

寶地鍾靈金甌永固

華堂集瑞駿業亨通

壬寅新正撰句並書 盛裝

088
春联

晏晓斐
高 170 厘米，宽 29.5 厘米

虎跃神州千业旺，
春临盛世万民欢。

瑞虎佑安——二〇二二新春展
THE TIGER AS TALISMAN: 2022 CHINESE NEW YEAR EXHIBITION

虎躍神州千業旺
春臨盛世萬民歡

國博雅集 晏曉斐

中国国家博物馆历史文化系列丛书

089
春联

晏晓斐
高 175 厘米，宽 30 厘米

玉龙高鼎壬林锡福，
伟业蓝图寅序开春。

玉龍商鼎壬寅錫福
偉業藍圖寅序開春

晏啸斐撰聯並書

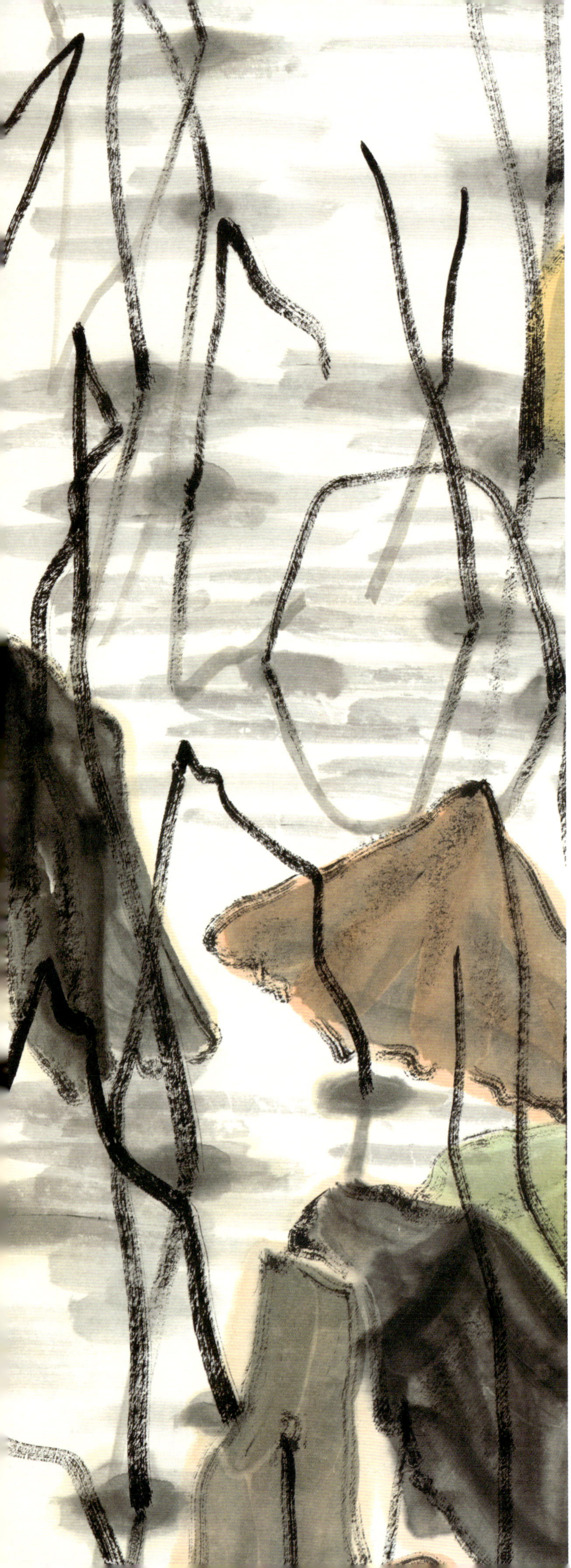

090

秋荷

崔东湑

高 138.5 厘米，宽 24 厘米（左）

高 138.5 厘米，宽 23 厘米（右）

091

融冬迎春图

崔东湑

高 138 厘米，宽 69 厘米

092

高原春色

崔东渭
高 138 厘米，宽 69 厘米

093

黄土高原上迎春雪

崔东湑

高140厘米，宽68.5厘米

094

贺兰山上中国红

崔东湑
高 139 厘米，宽 68 厘米

095

"紫芥凝烟"之一

熊广琴
高 136 厘米，宽 69.5 厘米

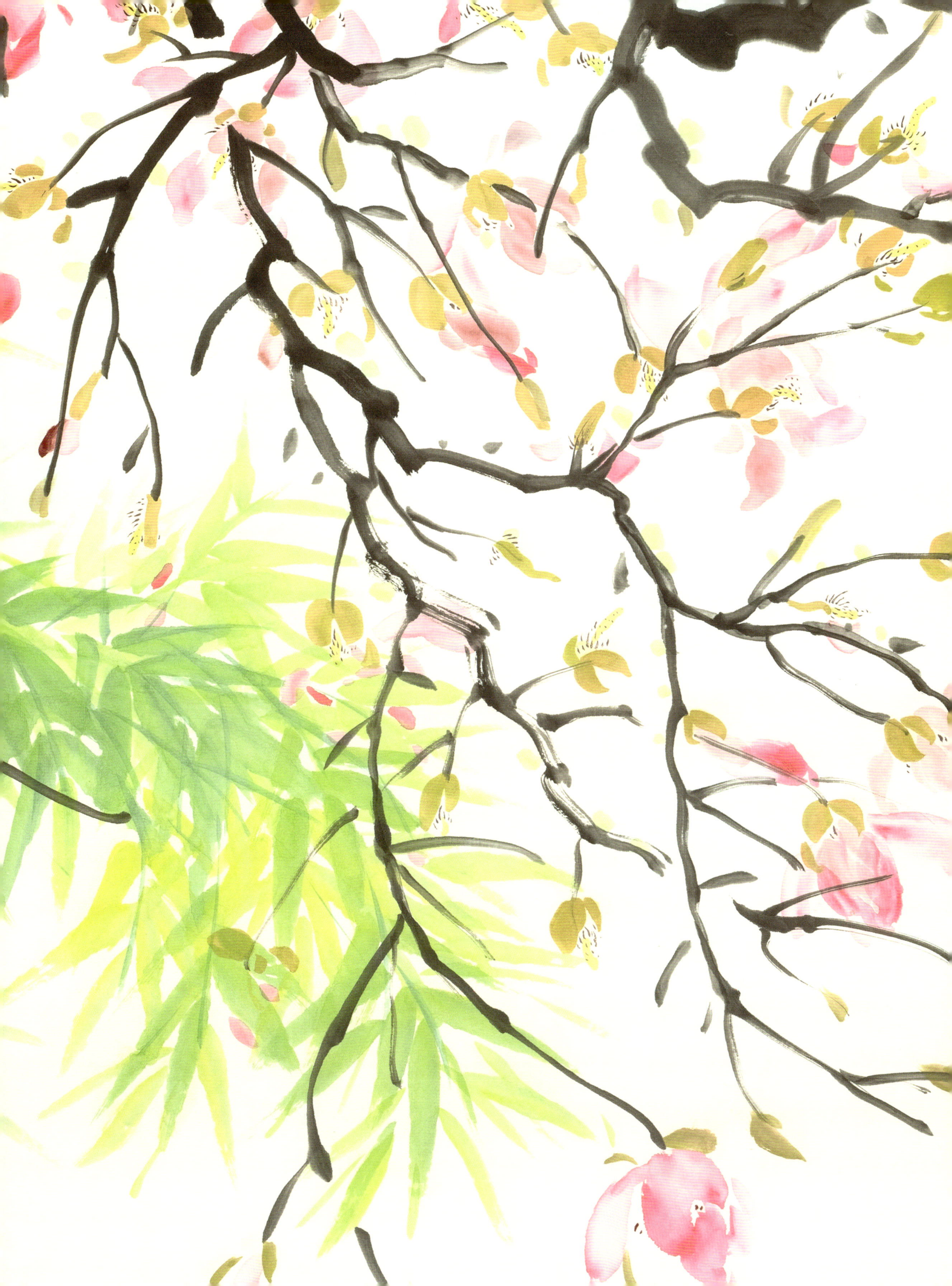

096

"紫乔凝烟"之一

熊广琴

高143厘米，宽75厘米

097

"紫乔凝烟"之三

熊广琴
高 143 厘米，宽 75 厘米

098

"紫乔凝烟"之四

熊广琴

高 135.5 厘米，宽 68.5 厘米

099

"紫夸凝烟"之五

熊广琴

高 143 厘米，宽 75 厘米

中国国家博物馆历史文化系列丛书

100
猛虎半日闲

谭斐
高 139 厘米，宽 67 厘米

瑞虎佑安——二〇二二新春展
THE TIGER AS TALISMAN: 2022 CHINESE NEW YEAR EXHIBITION

『瑞虎佑安』展文物撷英

张润平　中国国家博物馆

中国国家博物馆于2022年1月19日举办的"瑞虎佑安——二〇二二新春展"，即将结束，展览取得很大成功，获得社会普遍好评。展览展出瓷器、玉器、青铜、陶器和书画等数十件与虎相关的文物，时代涵盖从商代一直到明清时期，系统展示出中国特有的生肖文化、虎文化和年俗文化。馆藏虎文物中许多都是非常罕见和具有代表性的，如展出的周代青铜虎鎣、汉代青铜错银"堂阳侯"虎符、汉代铜错金银虎形带钩、东汉白玉卧虎、金代黄釉黑彩题诗虎枕等，本文重点综述展览中瓷器和玉器等文物的历史、艺术和文化价值。

一、"瑞虎佑安"展中的瓷器

中国最早的虎文物，出土于仰韶文化（距今约6400年），是用蚌壳堆塑出的虎形象。在中国传统文化中，虎被视为瑞兽，《说文》云："虎，山兽之君也。"虎在不同历史时期，被赋予不同的政治、军事、历史和文化内涵。馆藏新石器时代石家河文化玉虎头[1]（图1），被巫觋用作玉神器；商代晚期玉虎[2]（图2）被贵族用作把玩陈设或佩戴的装饰品，商代虎纹石磬[3]（图3）被用作礼乐，商代晚期精美的青铜龙虎尊[4]则被用作商代盛酒器；西周时期白玉虎被用作六瑞中的礼器；战国秦汉青铜虎符被用作军事上调兵的信物，如秦代阳陵铜虎符、汉代青铜错银"堂阳侯"虎符；金代虎枕被用作寝具，有强烈的地域特征，如展览中的黄釉黑彩题诗虎

图1　玉虎头，新石器时代石家河文化，中国国家博物馆藏

图2　玉虎，商代晚期，河南省安阳殷墟妇好墓出土，中国国家博物馆藏

图3 虎纹石磬，商代晚期，河南省安阳武官村出土，中国国家博物馆藏

图4 白玉镂雕巧作双虎带穿，金代，中国国家博物馆藏

枕；金元时期虎作为秋山玉题材之一，用作带饰，如金代白玉镂雕巧作双虎带穿[5]（图4）。馆藏明正德青花三虎纹碗（图5），作为外销瓷销往日本。虎形象作为艺术形象，常被用于各时期各类文物和绘画作品中，给人们带来视觉审美和艺术享受。

馆藏瓷器中有许多反映中国生肖文化、虎文化和年俗文化的文物，如隋代青釉猴、牛、鼠生肖俑，唐代十二生肖彩绘陶俑，瓷绘虎纹、龙纹、猪纹、马纹、牛纹、羊纹、兔纹、鸡纹、鼠纹等生肖纹饰，瓷虎枕，以及寓意岁岁平安、福禄万代、富贵安康和喜庆吉祥的彩绘瓷器。

金代黄釉黑彩题诗虎枕，中国国家博物馆藏。虎呈伏卧状，虎面张目露齿，两前肢搭于胸前，尾贴于身体一侧。通体以酱黄釉为地，上施黑彩。虎背为椭圆形枕面，上书白地黑彩五言诗句："白日驼经卷，终宵枕虎腰。无人将尾蹋，谁敢把须撩。"诗句凸显虎之威猛。画工精湛，字体工整，诗文有点睛之妙。

虎枕造型独特，设计巧妙，色彩鲜明，虎形具有金代工艺特征，整体有强烈的地域特征，并且将传统制瓷工艺与诗、书、画相结合，诗情画意，相得益彰，为金代虎枕中之珍品。造型和釉彩与1996年山西省长治市东郊金墓出土的黄釉黑彩双鸭纹虎枕相近，此枕应为金代山西长治窑产品。

金代磁州窑白釉黑彩鸿雁树木纹虎枕，中国国家博物馆藏。虎呈伏卧状，虎身以白釉为地，上施黑色毛皮纹和尾部花纹。虎背为椭圆形枕面，上白釉地黑彩树木和鸿雁纹。造型精美，胎体上施有白色化妆土，釉色白中闪灰，枕面纹饰布局疏朗，花纹简洁，意境清幽，有北方民族文化气息。

瓷枕文物始见于隋开皇十五年（595年）张盛夫妇合葬墓，唐代以后开始大量生产，有白釉、绞胎和黄釉等品种，晚唐五代较为流行。宋金元时期，瓷枕因光滑清凉，深受北方民间喜爱，特别是磁州窑及磁州窑系的北方窑场，烧制瓷枕的数量最多，风靡一时，纹饰题材丰富。瓷枕可分为实用器和随葬用器等。

康熙款霁红釉梅瓶，中国国家博物馆藏。通体施霁红釉，外底施白釉，外底青花双圈内书"大清康熙年制"六字楷书款，代表了清代宫廷御用瓷烧制水平。

霁红釉是康熙时期景德镇官窑成功仿烧明永宣高温铜红釉——铜红釉是元代景德镇窑创烧，因高温铜红釉成品率低，一旦烧成则非常名贵。明永宣红釉烧造技术高超，备受世人珍爱，称为"鲜红"或"宝石红"，为明早期景德镇窑珍贵的色釉品种之一。此器釉面红艳深沉，凝厚均匀。许之衡《饮流斋说瓷》记载："口径之小仅与梅之瘦骨相称"，故名梅瓶。梅瓶创烧于唐，宋元时期是一种盛酒用器，明代梅瓶象征等级地位，清代梅瓶多用于宫廷陈设，或插折枝花卉。

雍正款青花福禄万代纹橄榄瓶，中国国家博物馆藏。通体青花纹饰，绘缠枝葫芦藤蔓纹，辅以飞蝠纹、蕉叶纹、如意云纹等，外底青花双圈内书"大清雍正年制"六字楷书款，为宫廷陈设器。

茂密的葫芦间，葫芦爬蔓，蝙蝠飞舞。葫芦纹寓意"子孙万代，延绵不断，永远繁盛"。"蔓"谐音"万"，"蝠"谐音"福"，"芦"谐音"禄"，故有"福禄子孙万代"之吉祥寓意。此瓶器形俊秀，青花雅淡，绘制工丽，技法娴熟，纹饰繁而不乱，具有很强的装饰美感，是清代雍正官窑青花瓷之珍品。

雍正款粉彩岁朝图碟，中国国家博物馆藏。盘内粉彩绘岁朝图，古瓷瓶插花，花卉有玉兰、牡丹、荷花、海棠、佛手、松枝等；笔筒装有卷轴画和莲花；瓷罐插灵芝以及柿子果等。外底心青花双圈内书"大清雍正年制"六字楷书款，为宫廷陈设器。

清供源于佛像前之插花，最早为香花蔬果，后渐渐发展为包括金石、书画、古瓷器和盆景在内的一切可供案头赏玩

图5　明正德青花三虎纹碗，中国国家博物馆藏

的文物雅品。寓意崇尚儒雅，有祈愿岁岁平安、富贵长寿、事事如意之吉祥寓意。此器粉彩，施彩柔丽细腻，构图疏雅，画意生动，意境闲适恬静，画风受恽南田没古法影响，纹饰达到"花有露珠、蝶有茸毛"的程度。

乾隆款釉里红花果纹葫芦瓶，中国国家博物馆藏。器为葫芦形，通体釉里红纹饰，绘缠枝花果纹，辅以蝙蝠、如意云纹、回纹和变体花瓣纹等，外底青花书"大清乾隆年制"六字篆书款。

釉里红是元代景德镇窑创烧的釉下彩瓷品种之一，明初景德镇窑续烧。清乾隆时期釉里红发色纯正艳丽，多为白地釉里红，以陈设瓷为主，造型有瓶、尊、罐等，装饰纹样趋于图案化，时代特征鲜明。此瓶造型端庄，釉里红发色纯正艳丽，红白相映，典雅清丽，有"福禄万代"之吉祥寓意，是乾隆官窑釉里红瓷中精品。

乾隆款粉彩花卉纹瓶，中国国家博物馆藏。口沿饰金彩，颈和胫部胭脂紫地粉彩绘宝相花纹和莲瓣纹，腹部白釉地粉彩绘折枝菊花、莲花和牡丹等四季花卉纹，外底松石绿地矾红彩书"大清乾隆年制"六字篆书款，为宫廷陈设器。

此瓶造型庄重，纹饰精致，设色明艳，富丽华美，外壁以粉彩精绘四季花卉，花繁叶茂，象征年年四季平安和吉祥富贵。为乾隆官窑粉彩瓷之佳作。

嘉庆款粉彩描金婴戏图四螭耳尊，中国国家博物馆藏。内壁施松石绿釉；口部饰一周锦纹；颈肩处贴饰四螭耳，颈肩和胫部黄地料彩绘夔龙纹；腹部通景白地粉彩绘婴戏图，孩童姿态各异，或舞狮舞旗，或掩耳燃放炮竹，或肩扛寿桃；足部饰回纹。外底书"大清嘉庆年制"六字篆书款。

此器造型隽秀，施彩艳丽，采用金、黄、粉、蓝料绘制，立体感强，纹饰喜庆吉祥，有燃放炮竹和舞狮等过年的欢庆气氛，寓意年景平安、子孙昌盛。器型、彩釉和纹饰仍保留乾隆时期遗风。

道光"慎德堂"款粉彩婴戏图盘，中国国家博物馆藏。盘内白地粉彩绘制庭院婴戏场景图。绘16个孩童，身着彩衣，三两结伴嬉戏游乐，手持多种具有吉祥寓意的玩具，辅以松树和围栏等。外底红彩书"慎德堂制"四字楷书款，为清道光时期堂名款瓷器代表作。

瓷绘场景图源自"四妃十六子"，即传说中帝王的四位妃子与她们的十六个儿子，有时只绘十六子，寓意子孙昌盛、多子多福、后代有继、江山永固。祈愿岁岁平安、蟾宫折桂、冠带相传。道光官窑瓷器书款有两种，一种为"大清道光年制"款，一种为"慎德堂制"款。慎德堂位于圆明园内，道光皇帝夏季在此避暑、处理政务，并著有《慎德堂记》。"慎德堂制"款瓷器为御用品，制作工艺精湛。陈浏《陶雅》记载："慎德堂系道光官窑。"

道光款粉彩灯景平安如意图碗，清道光时期，中国国家博物馆藏。碗内壁施白釉，外壁白地粉彩绘折枝宝相花纹，四开光内绘瓶插稻穗、如意花灯和文玩清供图景。外底篆书"大清道光年制"六字款。

此碗造型端庄，纹饰秀美。宝相花集中了莲花、牡丹、菊花和石榴花特征，有吉祥富贵之寓意。"穗"谐音"岁"，"瓶"谐音"平"，灯景岁朝清供图，寓意岁岁平安、岁岁长明、五谷丰登、吉庆有余、如意吉祥等美好愿景。

光绪款内青花外黄地粉彩三羊开泰纹碗，中国国家博物馆藏。碗内壁青花绘折枝梅花；外壁黄地轧道粉彩绘折枝花卉、石榴果实、磬和戟；三开光内分绘三羊、树木花卉和山石灵芝纹等。外底青花楷书"大清光绪年制"六字款。

"戟"谐音"吉"，"磬"谐音"庆"，"羊"谐音"阳"、"祥"，石榴果象征多子，故纹饰有吉庆有余、多子多福之寓意；"三羊开泰"与"三阳开泰"相通，"三羊图"为中国传统吉祥图案，寓意美好吉祥的愿望。据《清宫造办处活计清档》记载，"三羊开泰"纹碗是乾隆皇帝钦命烧造的春节用器之一，后一直沿烧至晚清。

二、"瑞虎佑安"展中的玉器

馆藏玉器和玉器纹饰中也有许多关于虎文化的器物。如上述馆藏新石器时代石家河文化白玉虎头、河南省安阳殷墟妇好墓出土商代晚期玉虎、河南省安阳武官村出土商代晚期虎纹石磬和金代白玉镂雕巧作虎纹带穿。此外，馆藏还有金元时期的白玉虎佩[6]（图6），金元白玉镂雕巧作山石柞树卧虎[7]（图7），金元白玉镂雕巧作景宗伏虎[8]（图8），元代青玉透雕巧作柞树卧虎绦环[9]（图9）等。

图6　白玉虎佩，金元，中国国家博物馆藏　　图7　白玉镂雕巧作山石柞树卧虎，金元，中国国家博物馆藏

商代青玉虎，中国国家博物馆藏。青玉，片雕。虎低首张口，翘臀扬尾，四肢前屈行走状，足雕爪纹，器身光素无纹，口内有穿孔，可系佩。

夏鼐先生认为考古发现的玉虎可分为陈设品和配饰。玉虎造型最早可追溯至新石器时代石家河文化虎面形饰和安徽含山凌家滩出土的玉虎首璜。虎因其凶猛，被人们认为是神灵，成为崇拜对象。《风俗通义》载："虎者，阳物，百兽之长也，能执搏挫锐，噬食鬼魅。"商代玉工利用概括的表现手法，不刻意追求形体细部的刻画，而追求形似与神似；不刻意追求形体细部的刻画，而抓住虎的特征，将虎表现得简洁明快。

东汉青白玉虎，中国国家博物馆藏。白玉质，圆雕。虎蹲卧状，身形健硕，昂首挺胸，宽鼻大眼，张口露齿，一腿压尾蜷于胸前，三爪卧于腹下。此器用阴线表现其尾部皮毛，器身满饰云纹。嘴侧有透孔，可系佩。

虎为山林中的猛兽，是"百兽之王"。虎自古以来就被认为是勇气和胆魄的象征，常用以镇鬼避邪、以保四方安宁。此器玉质优良白润，造型精美，嘴部张得很大，上下齿雕刻清晰，双眼刻画得很有神气，使虎的威猛之气顿然而生。身体线条自然流畅，技法娴熟，有很强的艺术感染力，具有东汉玉雕工艺特征，为东汉虎形玉雕珍稀之作。

辽代白玉虎形饰件，中国国家博物馆藏。白玉圆雕。虎呈伏卧状，体态肥硕，挺胸，头部上昂，五官为阴线雕刻，通体采用减地和阴刻技法，虎肢爪部、后足部各有一孔洞，为马饰。

此器造型端正，纹饰简洁，玉质精良白润，为辽代独有玉器，具有辽代工艺特

图8 白玉镂雕巧作景宗伏虎，金元，中国国家博物馆藏

图9 青玉透雕巧作柞树卧虎绦环，元代，中国国家博物馆藏

征。此器是嵌缀在马背蹀躞带上的玉饰件，传世罕见珍稀，是辽代契丹民族特有的玉器，造型与辽代陈国公主墓出土马具蹀躞带上的玉虎形饰件相近。

金代青白玉镂雕柞树虎纹饰件，中国国家博物馆藏。玉质白润带有黄色玉皮，一只老虎栖坐于柞树之下，柞树叶用阴线表示，背面光素无纹，有对穿透孔，为带饰。

《金史·舆服志》中将金人服饰上的鹰鹘捕鹅雁图案称为"春水之饰"，将金人服饰上的虎鹿山林图案称为"秋山之饰"。秋山玉是指以山林虎、鹿、兔为主题的玉器，辅以山石、柞树和灵芝花卉纹等，虎多做伏卧状，鹿多做回首站立或奔跑状。秋山玉多表现为动物或人与动物共处于山林之间，相安无事的场景，是金代女真族弋猎生活的真实写照。此器玉质优良，采用镂雕技法，工艺水平高，应为金代秋山图案的玉带饰。

元代白玉虎首纹带銙，中国国家博物馆藏。玉质白润细腻，长方形，一面雕。正面用阴线雕刻虎的面部，额头阴刻"王"字，下部有一个长方形透孔，表示虎嘴，也为带銙下部的穿，与蹀躞带上环的功能相同，可用来系挂物品。背面光素无纹，四角各有一对穿孔，供穿缀固定之用。

此銙为一套玉带中的一件。玉带銙是由蹀躞带发展演变而来，銙最开始的用途是以环悬物，蹀躞是带鞓上垂下来的系物之带。带銙带指在革带上或裱得较硬的丝绢带上饰玉銙，一条完整的革带是由鞓、銙、铊尾和带扣组成。《唐实录》记载："高祖始定腰带之制，自天子以至诸侯，王公卿相，三品以上许用玉带。天子二十四銙，诸王将相许用十三銙而加两尾焉"。玉带銙在唐代被定制为朝廷官服专用，用来表现佩带者的身份和官阶。经宋辽金元发展，明代使用玉带銙达到高峰。

元末明初青玉马首虎纹带钩，中国国家博物馆藏。青玉，马首，钩面雕一卧伏老虎，带钩下有一长方形纽。纹饰题材少见，根据造型特征和工艺风格，应为元末明初时期，具有北方草原民族遗风。

带钩是古代人腰部佩带的装饰玉器之一，早在新石器时代良渚文化中已出现玉带钩，馆藏有春秋时期传世玉带钩，战国汉代是带钩使用的高峰期。陕西秦始皇陵出土兵马俑上所见使用带钩[10]，是将带钩直接钩入腰间革带中。元代是带钩使用的又一高峰时期，该带钩体型长且宽大，应是社会上层文人单独使用的腰间带饰，使用方法是直接将钩首钩入绦带或丝带的环套内。明末清初时期，玉带钩即是腰间实用器又是文人雅士们发怀古之幽情的鉴赏品。

明代青白玉镂雕虎纹佩，中国国家博物馆藏。青白玉，佩正中镂空透雕一虎，正在行走状，虎首双立耳，额头阴刻"王"字，大眼宽鼻，口微张露齿，周围饰瑞草纹。虎背上方雕一随形椭圆形环，其用途应是腰间佩挂的佩饰物。

虎被认为是瑞兽、神灵，古人相信虎能驱邪避灾，对其加以崇拜。虎因威猛有力，象征勇敢与坚强，又寓意勇猛吉祥。此佩玉虎和瑞草相伴，具有避灾邪之祥瑞寓意；玉质优良，雕工粗犷，具有明代工艺特征。

明代伏虎童子玉雕，中国国家博物馆藏。青白玉质，圆雕。童子梳双髻，骑跨在一只虎背上，左手抓住虎尾，右手握拳高举，左脚踩踏虎头之上，做驯虎状。虎四肢趴地，呈温顺状。

此器题材新颖别致，造型优美，雕刻技法娴熟，线条圆润，具有明代玉雕工艺技法。此玉雕题材，可能源自《水浒传》中武松打虎的戏剧故事场景图绘。

清代白玉兽面纹钺形佩，中国国家博物馆藏。白玉带黄色玉皮，上部巧作透雕一俯首立虎，前腿直立，后腿弯曲，呈蹲踞状，下部雕出戟钺形，上阴刻兽面纹和回纹等。

《广雅》记载：钺，斧也。此器是清代仿古风格的玉佩，构思奇特，造型规整，玉质精良白润，雕工细腻精湛。"斧"与"府""福"谐音，与瑞兽立虎搭配，使此器拥有了更为丰富的吉祥寓意，如"府上有龙"或"府（福）上有兽（寿）"等，具有祝寿、祝福等祥瑞之意，为清代玉雕常见题材。

清代白玉"天官赐福"佩，中国国家博物馆藏。白玉，圆形，一面雕，正中透雕"天官赐"三字，字体两旁各饰一只蝙蝠，寓意"天官赐福"。

"蝠"与"福"谐音，取意"天官赐福""福在眼前"和"双福临门"等吉祥寓意。古代有每逢农历正月十五，天官下降赐福之说。此件玉雕玉质温润，造型新颖，构思巧妙，字体篆刻工整，文字与纹饰搭配和谐自然，具有清代玉雕工艺特征，为清代玉佩典型器。

清代青玉龙虎纹牌，中国国家博物馆藏。青玉质，双面雕，上部开光内减地浮雕如意云纹，云纹下方钻一孔，可系佩。云纹下部四周起边棱，一面雕飞龙、立虎纹，另一面书小篆阳文，雕刻杜甫《夜宴左氏庄》中的颔联："暗水流花径,春星带草堂"。文下琢刻圆形"云"、方形"樵"字篆书款。此玉牌玉质白润，制作工艺精湛，以减地阳文雕刻技法，纹饰洒脱流畅，为清代玉牌中精细制作。

综上所述，中国国家博物馆举办的"瑞虎佑安——二〇二二新春展"，展出的瓷器、玉器虎文物和相关文物较多，器型丰富，造型美观，纹饰精湛，用途多样。该展览中的各时代各种类虎文物以及近现代书画精品等，很好地展现出中国历史生肖文化、虎文化、年俗和节俗文化，意义重大，影响深远。

注释：

1. 中国国家博物馆古代艺术系列丛书《中国古代玉器艺术》，中国社会科学出版社，2011年8月，第32页。
2. 张润平《中国国家博物馆馆藏文物研究丛书·玉器卷》，上海古籍出版社，2007年12月，第56页。
3. 中国国家博物馆编《中国国家博物馆》，中国国家博物馆、伦敦出版公司，2011年，第233页。
4. 中国国家博物馆编《中国国家博物馆》，中国国家博物馆、伦敦出版公司，2011年，第24页。
5. 中国文物信息咨询中心编著《中国古代玉器艺术》，人民美术出版社，2003年12月，第440页。
6. 中国文物信息咨询中心编著《中国古代玉器艺术》，人民美术出版社，2003年12月，第452页。
7. 中国文物信息咨询中心编著《中国古代玉器艺术》，人民美术出版社，2003年12月，第426页。
8. 中国文物信息咨询中心编著《中国古代玉器艺术》，人民美术出版社，2003年12月，第424页。
9. 中国文物信息咨询中心编著《中国古代玉器艺术》，人民美术出版社，2003年12月，第430页。
10. 中国国家博物馆展览系列丛书《中国古代服饰文化》，北京时代华文书局，2021年11月，第72页。

马负图艺事行迹考辨

兼谈其《荒崖乳虎图》

朱万章 中国国家博物馆

马负图是清代画家，但关于其生平行迹，却有多种不同的说法。迄今为止，较为全面讨论其生平及画艺的当属周永良的《指画〈梅鹰图〉与〈松涛鹿鸣图〉辨疑》一文，该文订正了历来将明末清初理学家马负图（1614—1681）与山东长山马负图混为一谈的说法[1]。近来亦有学者对马负图画虎有所论及，并对其生平献疑，指出其"生活区域和职业存在较大争议"[2]，但并未指明争议点何在，也未厘清疑点。令人遗憾的是，两文均未准确梳理画家马负图的生平事迹，现在所见关于马负图的论述，大多仍然援引错谬信息，以致以讹传讹，莫衷一是。基于此，在前人基础上对马负图艺术历程做较为深入的梳理与修订也就显得尤为必要。

一、常州马负图与长山马负图

现在征引最多的马负图资料大多来自俞剑华（1895—1979）的《中国美术家人名辞典》："马负图（1614—1681），[清]字伯河，一字希文，山东长山人。顺治十一年（1654年）举人，善画山水。卒年六十八。"[3]该书注明其资料源自《骨董琐记》。按邓之诚（1887—1960）《骨董琐记》的原文是这样的："马负图，字希文，山东长山人。顺治甲午举人，善画山水，予曾见之。明成化时贡生马负图，官杞县丞，见《武功县志》，是别一人。"[4]由此可知，不知何故，俞剑华在引用邓氏《骨董琐记》时多出了"字伯河"和"卒年六十八"，从而将字号为"伯河"的马负图与字号为"希文"的马负图误为一人。据钱仪吉（1783—1850）纂录的《碑传集》记载，书中收录了汤修业（1796—1820）的《马先生负图传》。此传中的马负图，字伯河，一字肇易，号一庵，江苏武进（今常州）人，明崇祯十一年（1638年）诸生，为清代理学家，著有《戊申札记》《律吕解》和《皇极经世说》等，言其"卒年六十八，时康熙二十年辛酉也"[5]，据此推知其生卒年分别为1614年和1681年。在该传记中，只字未提其擅画。而在今人编著之《江苏艺文志·常州卷》中亦记载此马负图，生卒年与俞剑华所述一致，也援引前传称其"笃信程朱理学，不轻易立说，晚岁始撰著"[6]，也未言及能画。很显然，此马负图和《骨董琐记》所记长山马负图（字希文）非同一人已是不争的事实。《中国人名大辞典》中所记载的"马负图"的字号、郡望、事迹亦与精通理学的马负图一致，也为常州马负图[7]，而刘九庵（1915—1999）编著的《宋元明清书画家传世作品年表》中著录的"马负图"虽然未记录其字号、籍贯，但所记载的生卒年则源自《历代人物年里碑传综表》，与《江苏艺文志·常州卷》所载是相同的，故实质所记仍然是理学家马负图，而非画家马负图[8]。

那《骨董琐记》记载的长山马负图是不是就是画家马负图呢？据清人刘献廷（1648—1695）的《广阳杂记》记载："马绍先，山东长山县长白山人，其尊人马负图,字希文,甲午举人"[9],而在《凤翔府志》又有记载马负图为山东济南府长山县举人,康熙十九年(1680年)任凤翔知县[10]。综合两书所载,这和《骨董琐记》中所记的长山马负图相似,但并未有任何擅画的记录。很显然,长山马负图也非画家马负图。由此可见,常州马负图(字伯河)为明诸生,且有明确生卒年,为理学家,而长山马负图(字希文)为顺治甲午举人,曾任陕西凤翔知县。两人生活的年代相近,但都未有擅画的记载。前述俞剑华文将两个马负图糅合在一起,影响其广,以至于现在所见相关资料都以此为依据,谬种流传,如《西安文物精华·绘画》中介绍画家马负图时引用了常州马负图的生卒年,却嫁接了长山马负图的字号与功名[11],而罗青在《高其佩》一书中所记载的"马负图"也是沿袭这种错误[12]。两人都与画家马负图无关,但其字号、籍贯及行迹等信息却在画家马负图的生平资料中出现,使人鲁鱼莫辨。

二、西安马负图与建州马负图

那画家马负图究竟是何许人呢?透过清代诗人斌良(1771—1847)和黄景仁(1749—1783)的诗集及传世的马负图画迹,大致可还原其较为清晰的面貌。

斌良在其《抱冲斋诗集》中有《欲访陈老农(丽天)不果(丽天工指画,充皇粮庄头)》诗云:"邻村耳熟陈惊座,泼墨云山指爪深。暖日烘晴泥巷滑,蹇驴冲冻费招寻。斋堂皷臂貌诸天,玉箸衣纹法老莲。准备花时开酒瓮,擎笺乘醉画香襌。且园老去间山远,墨林衣钵谁继诸。后来作者乏能手,生动还推马负图(马负图,西安人,亦工指画)。梦禅犹及挲诗袂,指戏心传今已尢。不图妙绘写生手,寄迹识字耕田夫"[13]。此诗谈到马负图为陕西西安人,工指画。诗中的"且园"为清代有名的指头画家高其佩(1660—1734),字韦之,号且园、南村,辽宁铁岭人,以指画著称,杨仁恺(1915—2008)称其"以指头画擅名于清康熙、雍正年间,风靡一时","成为开宗立派的画家"[14]。据诗意可知,马负图为生活在高其佩之后的指画家,且传承了高氏衣钵,被认为是高氏之后的"能手",得其"生动"之趣。

黄景仁在其《悔存诗钞》有《筼河先生斋头观马负图雨竹障子偕家药林作》诗云:"东土美竹植,南邦富雨产。我本东南人,见画豁双眼。两年尘土燕之陲,此景那得移于斯。先生指画语奇事,关中老兵名画师。短衣缚袴走盘礴,雄心健腕挥淋漓。绿云下垂天雨泣,百万鬈龙浑雨立。急涨穿根争道流,疾风卷影遮山入。喧声恍挟惊雷奔,余气欲扑高堂湿。从师昔游江之干,三年吞尽江南山。无山不竹晴固好,看雨益复开心颜。沉思各已成往境,指点忽落图中间。吾家药林亦工竹,见之却立百回读。平生未尝轻许人,归卧梦绕潇湘曲。我不识画赏以心,为引大白张清琴。何时雨中竹里数,橡屋坐我朗诵还山吟"[15],诗中谈到"先生指画语奇事,关中老兵名画师",可知此诗谈及的马负图也擅指画,且为关中人,这与前诗所言马负图工指画且为西安人是一致的。两诗的作者,斌良生活在乾隆三十六年和道光二十七年间,而黄景仁生活在乾隆十四年和四十八年间。综合两诗可知,马负图应活动在高其佩之后,其艺术活动与斌良、黄景仁所处时代大致相同,应活跃于清乾隆后期至道光后期。在马负图存世的作品中,唯一署有绝对年款的是作于1843年的《老虎图》(甘肃省博物馆藏),其题识曰:"道光廿三年秋八月,马负图写",这与两诗所推知的马负图活动时间是吻合的。在马负图的《鹡鸰图》轴(济南市文物商店藏)中,有"诗堂通州王錧题四绝"[16],按王錧字枢五,号若谷,通州人,系乾隆七年(1742年)的明通进士,任广东永安知县,乾隆十八年(1753年)署临榆县教谕,乾隆二十三年(1758年)任训导,著有《秋草诗》[17]。从其宦迹看,王錧与马负图的活动时间是相当的,这也从另一侧面佐证了上述推断的马氏所处时代。罗青在《高其佩》一书中依据俞剑华《中国美术家人名辞典》和《骨董琐记》而认为画家马负图比高其佩年长四十六岁,且其《松涛鹿鸣图》(美国明尼阿波利斯博物馆藏)作于高其佩出生之时,"代表高其佩之前的指画艺术高标水平"[18],显然是大错特错了。前述周永良将其《夏山风起图轴》和《山村烟霭图轴》的创作时间定在康熙晚期和乾隆中期[19],显然也是失之考据的。

  在马负图传世作品的题识中,亦可获得其相关个人信息。其存世作品,至少有四件为指画,分别是《山水册》(12开)(北京故宫博物院藏)、《麻姑献寿图》轴(西安市文物保护考古研究所藏)、《神龙图》轴(未来四方集团拍卖品)和《松涛鹿鸣图》,这与前述两诗所言其工指画是一致的。耐人寻味的是,其《荒崖卧虎图轴》《骑驴过桥图横幅》《松鹰图》(均藏中国国家博物馆)、《夏山风起图》轴《山村烟霭图》轴(均藏辽宁省博物馆)、《钟馗图》(首都博物馆藏)和《山水图》(上海文物商店藏)等均款署"建州马负图",《麻姑献寿图》轴也署款"建州马负图指头生活",而《山水册》(12开)虽然没有署"建州马负图",却钤白文长方印"建州"。经查,自古以来以"建州"为地名的,至少有五处,分别为福建的建瓯、山西晋城、明代东北地区军事行政机构建州三卫、南梁时古地名(在今广东罗定)和辽至明朝在辽宁设置的州(在今辽宁朝阳)。从马负图署款来看,建州应为其祖居地,但以上五地究竟何处为其祖籍,现在尚无相关史料佐证。从其活动区域及上述两诗可推知,首先可排除福建和广东两地。又因其擅指画,且之前的指画名家高其佩为辽宁铁岭人,马负图直接或间接受其影响,如高其佩经常在画中题"铁岭高其佩指头生活"或"铁岭高其佩指画"[20],而马负图亦有题"建州马负图指头生活"和"马负图指画"等,故极有可能其祖籍"建州"是在辽宁的朝阳一带,而西安为其出生地或艺术的主要活动地。书画鉴定家苏庚春(1924—2001)在其《苏庚春中国画史记略》中记载:"马负图,建州人。康熙时人,善画人物,山水"[21],除了其活动时间误定为"康熙时"外,其郡望则是准确的,该书可称得上是现有刊行的文献中最接近清代画家马负图真实情况的记载。

此外，在马负图存世作品中，中国国家博物馆藏《荒崖卧虎图》轴钤朱文葫芦印"负图"和白文方印"口字易先"、《丛林小桥图》横幅和《笋海月色图》横幅钤朱文方印"易先"，台北故宫博物院藏《虎》、辽宁省博物馆藏《夏山风起图》轴和甘肃省博物馆藏《雄鹰图》也都钤朱文方印"易先"，而辽宁省博物馆藏《山村烟霭图》轴则钤朱白文联珠印"圣""瑞"，故可知"易先"和"圣瑞"当为马负图的字。

综合以上信息，可知清代画家马负图，字易先，一字圣瑞，陕西西安人，工指画，活动在清代乾隆后期至道光后期。明乎此，便可与常州马负图及长山马负图泾渭分明了。

三、马负图存世作品考察及指画艺术

据不完全统计，现在所见海内外博物馆、美术馆及拍卖会等公私所藏马负图画作有二十九件。其中，公库所藏二十一件，而见于各拍卖会者七件，见于私人藏品一件[22]。现将其列表统计如次。需要说明的是，因公库之外的七件绘画系拍卖品，现收藏地不详，故其收藏地一栏只注明其拍卖会名称。

序号	作品名称	质地颜色	尺寸（厘米）	收藏地	备注
1	《荒崖卧虎图》轴	绢本设色	131.6×93.9	中国国家博物馆	
2	《丛林小桥图》横幅	纸本墨笔	22.2×35.1	中国国家博物馆	
3	《笋海月色图》横幅	纸本墨笔	22.5×35	中国国家博物馆	
4	《溪边待渡图》横幅	纸本设色	22.5×35.3	中国国家博物馆	
5	《骑驴过桥图》横幅	纸本设色	22.5×35.2	中国国家博物馆	
6	《松鹰图》	纸本设色		中国国家博物馆	
7	《虎》	纸本设色	158.1×91.2	台北故宫博物院	
8	《山水册》（12开）	纸本设色		北京故宫博物院	指画
9	《夏山风起图》轴	纸本墨笔	138.4×77	辽宁省博物馆	
10	《山村烟霭图》轴	纸本设色		辽宁省博物馆	
11	《鹌鹑图》轴	绢本设色		济南市文物商店	
12	《钟馗图》轴	绢本设色		首都博物馆	
13	《山水图》	纸本设色		上海文物商店	
14	《山水》轴	绢本设色		广东省博物馆	
15	《山水四条屏》	绢本设色	176×53.2	广东省博物馆	
16	《雄鹰图》	纸本墨笔	130×70	甘肃省博物馆	
17	《雄鹰图》	纸本墨笔	173.6×92.5	甘肃省博物馆	

序号	作品名称	质地颜色	尺寸（厘米）	收藏地	备注
18	《老虎图》	纸本设色	142.5×80	甘肃省博物馆	
19	《松鹰图》	纸本墨笔	197×45	布拉格国立美术馆附属那普杜尼美术馆	
20	《麻姑献寿图》轴	纸本设色	150×81	西安市文物保护考古研究所	指画
21	《松涛鹿鸣图》	纸本设色	120.3×221	美国明尼阿波利斯博物馆	指画
22	《松阴读史图》轴	绢本设色	150×98	中国嘉德2021年四季拍卖会	
23	《田园归隐图》轴	绢本设色	156×48	中国嘉德2020年四季拍卖会	
24	《虎》	纸本设色	153×85	北京文津阁2017年秋季拍卖会	
25	《梅花高士图》轴	纸本设色	129.5×60.5	株式会社东京中央拍卖2013年9月拍卖会	
26	《神龙图》轴	纸本墨笔	125×87	未来四方集团拍卖2012秋（北京）拍卖会	指画
27	《山水》轴	绢本设色	149×72	北京瀚海2010秋季拍卖会	
28	《花卉草虫册》(8开)	纸本设色	30×20	北京瀚海2005迎春拍卖会	
29	《山水图》	绢本墨笔	164.3×97.8	日本私人	

以上作品，若以绘画技法而论，明确注明系指画者，有四件，其他非指画（或不确定是否指画）者有二十五件。若以题材分，则山水最多，十五件，占一半以上；其次为鹰、鹌鹑、花卉草虫等花鸟画六件；再其次为龙、虎等，五件；最后为人物，有三件。由此不难看出，马负图擅绘山水、人物及花鸟、走兽，几乎囊括了传统中国画的各个门类。若以形制来分，则立轴（含屏条）最多，有二十三件；横幅次之，有四件；册页再次之，有两件，并无手卷、扇面等形制。若以质地来分，则纸本最多，有二十件，其余九件为绢本。若以墨色来分，设色最多，有二十一件，其余八件为墨笔。

图1　清·马负图《松涛鹿鸣图》，纸本设色，120.3厘米×221厘米，美国明尼阿波利斯博物馆藏

虽然指画在马负图传世作品中并不占多数，但在前述斌良和黄景仁的诗中所谈及其画艺时，几乎都指向其指画，因而有必要首先讨论其指画。（图1）

现存的马负图的指画有山水，也有人物及墨龙。山水代表作为《松涛鹿鸣图》。此图指墨细致，山石、松树、波涛及两鹿均工整细腻。图中的松，有长寿之意，而"鹿"则与"禄"谐音，翻涌的波涛则有福如东海的隐喻，故此图所表现的是常见的福禄寿的祥瑞之意。此图尺幅巨大，是便于横幅悬挂的鸿篇巨制，应是为受画人祝寿而作。《松涛鹿鸣图》之外，《山水册》（12开）也是指画山水。此册所绘分别为坐看云起、野旷天低、樵夫暮归、云树烟波、停舟烟渚、倚松远眺、牧童晚归、小桥行旅、花树双蝶、烟波万山、小山小鹿、松下高士等，虽说是"山水册"，但实则也有人物、花卉和走兽（鹿、牛、驴）。作者往往先用焦墨勾出人物、走兽、山石或树木的轮廓，再施之以浅绛、淡黄、花青、水墨等淡色，颇有老辣练达之势。作者在《野旷天低》一开中题"马负图指墨"，又在《烟波万山》中题"片水烟波无鸟渡，万山风雨有人行"，可知此册为指画，且作者在画中也不乏诗意的表达。作者另在《小桥行旅》中题识："戊辰指头写于水云书屋，负图"，钤朱文长方印"图"。前述《老虎图》作于清道光二十三年（1843年），在此年前后的"戊辰"分别有嘉庆十三年（1808年）和同治七年（1868年）。以前述推知的马负图活动于清代乾隆后期至道光后期，则此《山水册》的确切创作时间当为嘉庆十三年（1808年）。

马负图指画人物代表作为《麻姑献寿图》。此图绘麻姑头戴簪花，右手持灵芝，左手搭在侍女肩头，侍女则双手捧寿桃，腰间系着葫芦。两人均向右侧伫立，衣带亦向右侧随风飘逸。人物的衣纹用焦墨，线条为钉头鼠尾描，流畅且遒劲。作者以线条勾勒轮廓之后，再以淡墨和淡色晕染。图中的灵芝、寿桃和葫芦等，有祝贺长寿与福禄之意。与指画山水中人物略

图2 清·马负图《麻姑献寿图》轴，纸本设色，150厘米×81厘米，西安市文物保护考古研究所藏

图3 清·高其佩《指画怒容钟馗图》，纸本设色，148厘米×67厘米，辽宁省博物馆藏

有不同的是，前者人物多为大写意，意笔草草，意到为止，并不拘泥于形似。此图则介于工笔与写意之间，人物造型准确生动。与高其佩的《指画怒容钟馗图》（辽宁省博物馆藏）相比，可知马负图在线条的游刃有余之外，侧重淡墨与淡色的晕染；而高其佩则注重线条的变幻万端，以干笔焦墨将人物的衣纹、胡须与面部表情刻画得形神毕肖，并以浓墨渲染长靴与官帽。但就人物所表现出的老辣与劲练而言，马负图似要较高其佩略逊一筹。（图2、图3）

马负图指画的另一代表作为《神龙图》。该图以水墨写腾云驾雾之龙，神龙见首不见尾。图中的云层为鱼鳞状，神龙怒目圆瞪，前爪从云层中露出。画面呈现出细致、精到的艺术技巧，如果不是作者在题识中说明系指画，则很难分清是笔墨还是指墨，可见其指画已经达到出神入化的境界。作者题识曰："画龙以吴道子为最，其次则陈所翁，余此二公，而传者寥寥。近世惟

图4　清·马负图《神龙图》，纸本墨笔，125厘米×87厘米

图5　清·高其佩《指画龙》，纸本设色，35.9厘米×57.3厘米，美国纳尔逊博物馆藏

图6 清·马负图《荒崖乳虎图》，绢本设色，131.6厘米×93.9厘米，中国国家博物馆藏

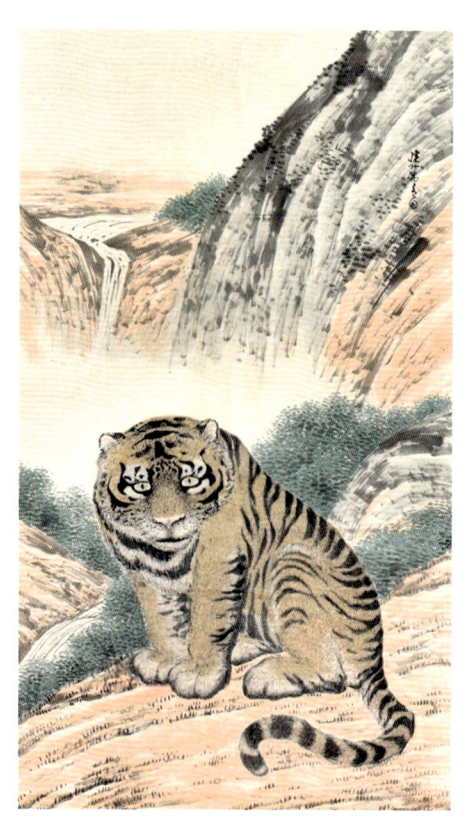

图7 清·马负图《虎》，纸本设色，158.1厘米×91.2厘米，台北故宫博物院藏

图8 清·马负图《老虎图》，纸本设色，142.5厘米×80厘米，甘肃省博物馆藏

少司寇高且园先生指头蘸墨独步，偶用其法，笔意未得其神理。庚辰夏日，书于水云书屋，建州马负图"[23]，钤朱文方印"指头生活"和白文方印"马负图印"。此图作于清嘉庆二十五年（1820年）。题识中的"陈所翁"为南宋画龙名家陈容，有《九龙图》卷（美国波士顿美术馆藏）和《墨龙图》（广东省博物馆藏）等行世。从题识可知，此图乃仿高其佩法而为之。高其佩也有指画龙行世，此图与高氏的《指画龙》（美国纳尔逊博物馆藏）相比，可看出此图较为工整精细，而高氏之作则较为写意，且多以淡墨晕染，辅之以浓墨和淡红。马负图严谨有余而放任不足，高其佩则放纵有余而工整不足，二者各有所长，亦各有所短。马氏自言偶用高其佩法，实则已然脱出高氏藩篱，形成自己风格。（图4、图5）

指画的发展，在高其佩之后，有其子高璥及外甥朱伦瀚、李世倬诸家，均得其指授，而各擅胜场。马负图所处的时代与诸家大致相近，其指画并不逊色，但其名却湮没于历史长河中。透过这些个性鲜明的指画，或可在绘画史的发展历程中，为其找到一席之地。

四、《荒崖乳虎图》轴和画鹰

指画之外，画虎及松鹰是马负图在艺术上的又一造诣。他的虎画，存世作品至少有四件，《荒崖卧虎图》轴在其虎画中最为突出。该画所绘一只色彩斑斓的老虎斜躺于山间草丛中，其后为茂盛的荒草及嶙峋的峭壁与朦胧的云烟。作者用笔精细，无论是荒草，还是山崖、薄雾，抑或老虎本身，都一丝不苟，体现出用笔精到，笔触工整细致。在马负图所处的时代，以工笔绘虎者，极为少见，他能做到形到而神到，将悠游于荒崖中老虎的自在与闲适透过精微的笔墨传递到观者眼前，确乎是极为难得的。在此画的诗堂，有现代画家、书画鉴藏家和美术史论家秦仲文（1896—1974）于1945年题跋云："宋初宣城包氏以画虎世其家，名鼎者最著，其画法如何，虽不得知，而其流风余绪，使古今士大夫乐道不衰。常有如荆关山水，迥然不同于流俗者。明清以降，画虎无专家，偶见一二，不过庸工俗笔，神貌并遗，风雅尽矣。近年游厂肆，数见马负图树石鸟兽，风趣不凡，以为清初名笔。而检诸家著录，不得其人，仅名人辞典有理学名家，明诸生，字伯河者，亦言不工绘事，自当别为一人。而负图画名，长年市贾无不知者，乃著录偶遗之耳。此图乳虎，不为张牙舞爪，泰然舒伏于荒崖丰草间，云已石过，天趣俨然，望而知非凡手。绍遽先生携示，欣赏久之，联想及于宣城旧市而记于此。乙酉立秋后二日，梁子河村人秦裕题于北京寓舍之双清草堂"，钤白文方印"梁子河村人"和"秦裕之印"。跋语中也谈到了画家马负图和理学家马负图之别。值得注意的是，跋语所言"负图画名，长年市贾无不知者"，可知马负图在晚清民国时期书画流通市场上的影响力。秦仲文称此画"天趣俨然，望而知非凡手"，应是较为中肯的评价。与此图风格略异的是，马负图另外的虎图则较为粗犷，所绘《虎》（台北故宫博物院藏）和《老虎图》（甘肃省博物馆藏）均绘独虎在山崖荒壁间，前者为蹲姿，前爪撑地，两眼炯炯有神，警惕地望着前方；后者为侧身，也为蹲姿，但前爪做跃起状，怒目，张牙舞爪，似为扑跃之前奏。前者为静态，且老虎温驯；后者为动态，且老虎凶猛。两画表现出不同生存状态的老虎造型，显示出作者在驾驭虎画方面的独特技巧。（图6—图8）

高其佩和李世倬等人亦兼擅画虎。高其佩有多件虎画行世，其《猛虎图》（旅顺博物馆藏）所绘为虎之背面，以焦墨写虎身之斑纹，再辅之以深黄、淡黄或淡墨，故笔意有老辣之感；李世倬的《虎》轴（中国国家博物馆藏）则沿袭这种画法，赋色更为厚重，且衬景之山坡、天空用淡墨、淡绿和花青作晕染，以烘托山间之野趣。马负图画虎与高其佩、李世倬之虎的相同点在于，都擅画山中之虎，将虎置于山崖或山麓荒草处，且都画独虎。相异处在于，马负图之虎多为细笔，而高其佩和李世倬之虎多较粗率。前者重形，颇具装饰性，后者尚意，富有艺术性。正如秦仲文所言"明清以降，画虎无专家"，马负图和高其佩、李世倬等人虽非画虎"专家"，但他们以其富有个性的虎画为清代画坛的走兽类绘画注入了活力。（图9、图10）

图9 清·高其佩《猛虎图》轴，纸本设色，141厘米×85厘米，旅顺博物馆藏

图10 清·李世倬《虎》轴，绢本设色，157厘米×81厘米，中国国家博物馆藏

图11 清·马负图《雄鹰图》，纸本墨笔，173.6厘米×92.5厘米，甘肃省博物馆藏

雄鹰也是马负图擅长的主要画科，在其传世作品中，至少有四件以"鹰"为主题的绘画。他的这类画，大多具有程式化倾向：一般画一只雄鹰屹立于山峰之巅，俯视山涧，跃跃欲试，似做俯冲状，如《雄鹰图》（甘肃省博物馆藏）即是此例。此图的雄鹰以工笔绘就，颇有宋代院体花鸟之风，与明代林良的鹰有异曲同工之处，其山石则有"浙派"戴进（1388—1462）的遗风。马负图其他的画鹰大多与此相类，甚至连构图都很相近，可知这类画如同其画虎一样，应是受艺术赞助人的委托所绘，故出现一题多画的现象。（图11）

五、马负图的山水画

正如上文所统计，从数量上讲，山水画是马负图传世作品中最多者。杨仁恺称其《山水图》（上海文物商店藏）属于"张宏一路"[21]，张宏（1577—？）明代是"吴门画派"的传人，可见在杨仁恺视野中，马负图的山水画承继了"吴门画

派"的遗风流韵。他的山水画,大致有两类风格,一为较为工细一路,富有装饰趣味,如《夏山风起图》轴(辽宁省博物馆藏)便属此类。该画的山石、树木均笔精墨妙。作者能以细腻的笔触描绘山间的绿树与氤氲之气,这种重于形似的山水富有观赏性与装饰性。清代诗人施晋有《为黄仲则题马负图山水》诗专门咏及其山水:"黄子朝来得名画(直起是),挂向雪壁寒光生。画中山色惨不晴,雨脚欲垂云欲兴,一气上下纷斗争。龙潭阴森洞府黑,金支翠旗动杳冥。谁其画者马氏子,当日关门为老……"[25],从诗意便可感受到这种扑面而来的形式感。另一种山水则较为写意,侧重环境的烘托与渲染,如《骑驴过桥图》横幅(中国国家博物馆藏)就是如此。该图以简洁之笔写一人骑驴前行,一人紧随其后。图中,两人似在风雪交加中缓缓行进。作者以大量的笔墨来描绘皑皑白雪,以及阴沉的天色与凝重的空气,使画面很有即视感,突出了风雪行旅的艰辛与顽强的生命意志。(图12、图13)

图12 清·马负图《夏山风起图》轴,纸本墨笔,138.4厘米×77厘米,辽宁省博物馆藏

图13 清·马负图《骑驴过桥图》横幅,纸本设色,22.5厘米×35.2厘米,中国国家博物馆藏

六、结语

从马负图的行迹不难看出，他应是一个纯粹的职业画家，从前述邓之诚《骨董琐记》中所载"善画山水，予曾见之"及秦仲文所言"近年游厂肆，数见马负图树石鸟兽"亦可得到佐证。他的画以立轴和横幅居多，显然便于悬挂与观摩，而以龙、虎、鹰及钟馗、麻姑为主题的画作，能极大地满足受众所需。龙、虎、鹰均代表威严、权势与力量，钟馗往往被认为是驱邪纳福的象征，而麻姑则是祝寿的形象代言人。这些具有祥瑞与祝福寓意的绘画题材，正是普罗大众所喜闻乐见的。美术史学者高居翰（1926—2014）将此类画称为"功能性图画"，其"功能"之一便是"适用于各种场合，而非特定场合的，以吉祥题材为内容的装饰性作品"[26]，且这类绘画一般都是由专业画家完成。

现有资料表明，马负图并未获得任何功名，也无诗文集行世，和文人之间也没有密切的交集，他应是以鬻画为生。正如前述秦仲文题跋所言，他的绘画也几乎未见诸任何书画著录，在其存世作品中也很少鉴藏印鉴或题跋，可见其画并未入传统书画鉴藏家之法眼。中国国家博物馆所藏六件马负图画作，有购于北京宝古斋（在琉璃厂）的，也有购于北京西单的文物商店的，由此可知其作品大多在市场流通。目前所见的所有资料都表明，马负图作品在清代中晚期以来的书画市场中流通与传播，尤其是以北京琉璃厂为中心的书画区域较为多见。正因如此，马负图及其绘画游离于美术史研究的范畴之外，即便在相关的美术论著（或工具书）中出现其名，亦有信息不清或混淆的情况。在此情况下，对其行迹及作品梳理并昭示于世，有助于认知在明清时期的特定语境下，美术家在艺术风格、功能及推广与传播方面所表现出的不同特征。

另一方面，作为一个在清代至民国时期，其画名"市贾无不知者"的职业画家，现在几乎湮没无闻，其生平记载也含混不清，可见美术的生成与传播是一个非常有趣的过程，值得借鉴。他的作品就其艺术性来说，不可谓不高，尤其是山水画，在同时期的画家中未遑多让，其画虎，亦在清代画虎诸家中脱颖而出，别具一格，但由于其作品大多是为了迎合市场，其传播的范围多局限在民间，其实用性功能（悬挂观摩和应景）远胜于艺术性，在文人圈中并未得到有效的揄扬，且传世作品也不多，其生平活动轨迹也不清晰等诸多原因，使其由一个在画肆"无不知者"的名家，经过时光的洗礼与无情冲刷后，变成如今的默默无闻者，成为一个绘画史上的"失踪者"和边缘人物。马负图作为一个先是扬名而后寂寂无名的画家，很有标杆意义。这种现象在画史上并不鲜见，究其根本原因，在于画艺本身是主因之外，还涵括作者交游、绘画题材、艺术赞助人的身份及影响力、作品传播的广度等，这或许是考察以马负图为缩影的一批画史上非主流画家的意义所在。

2022年4月9日于亮马河北岸

注释：

1. 周永良《指画〈梅鹰图〉与〈松涛鹿鸣图〉辨疑》，《东南文化》2010年第5期。
2. 廖少华《虎肥家润》，《美术报》2022年2月12日。
3. 俞剑华编《中国美术家人名辞典》，770页，上海人民美术出版社，1981年。
4. 邓之诚《骨董琐记》卷三，赵丕杰点校，邓之诚著《骨董琐记全编》，北京出版社，1996年。
5. 汤修业《马先生负图传》，钱仪吉纂录《碑传集》卷一百二十七，《清代碑传全集（上）》，640页，上海古籍出版社，1987年。
6. 南京师范大学古文献整理研究所编《江苏艺文志·常州卷》，216页，江苏人民出版社，1994年。
7. 臧励和等编《中国人名大辞典》，866页，上海书店，1980年。
8. 刘九庵编著《宋元明清书画家传世作品年表》，293页、492页，上海书画出版社，1997年。
9. 刘献廷《广阳杂记》卷二，1页，清光绪间吴县潘氏刻功顺堂丛书本。
10. （乾隆）《凤翔府志》卷五，清乾隆三十一年（1766年）刻本。
11. 西安市文物保护考古所编著《西安文物精华·绘画》，61页，世界图书出版西安有限公司，2012年。
12. 罗清《高其佩》，63页，河北教育出版社，2006年。
13. 斌良《抱冲斋诗集》卷十七《西征解鞍集》一，清光绪五年（1879年）崇福湖南刻本。
14. 杨仁恺《高其佩》，《中国历代画家大观——清（上）》，507页、543页，上海人民美术出版社，1998年。
15. 黄景仁《悔存诗钞》卷八，清嘉庆刻本。
16. 杨仁恺《中国古代书画鉴定笔记（陆）》，2760页，辽宁人民出版社，2015年。
17. （光绪）《顺天府志》卷一百二十六《艺文志》五，清光绪十二年（1886年）刻十五年（1889年）重印本。
18. 罗清《高其佩》，63—64页，河北教育出版社，2006年。
19. 周永良《指画〈梅鹰图〉与〈松涛鹿鸣图〉辨疑》，《东南文化》2010年第5期。
20. 杨仁恺《高其佩》，前揭《中国历代画家大观——清（上）》，511页。
21. 苏庚春《苏庚春中国画史记略》，466页，广东旅游出版社，2004年。
22. 东アジア美术研究室编《海外所在中国绘画目录（改订增补版）》，113页，东京大学东洋文化研究所附属东洋学文献センター，平成六年（1994年）三月。
23. 未来四方集团拍卖有限公司《2012秋（北京）文物艺术品拍卖会》，第0006件拍品，2012年12月14日。
24. 杨仁恺《中国古代书画鉴定笔记（肆）》，1566页，辽宁人民出版社，2015年。
25. 李宪乔《凝寒阁诗话》，李怀民、李宪噩、李宪乔著，赵宝靖点校《三李诗钞·三李诗话》，442页。
26. 高居翰《中国绘画中画家与赞助人交易的各种类型》，李铸晋编，石莉译《中国画家与赞助人——中国绘画中的社会及经济因素》，11页，天津人民美术出版社，2013年。

文化背后的中国虎文化

栗河冰　中国国家博物馆

中国人自古与虎有着密切的联系。虎这一物种诞生在距今200万年前，在动物学分类上属哺乳纲猫科动物，是猫科个体中个头最大、最凶猛的野兽。目前，世界上所存六个虎的亚种，有四个亚种分布在中国东北、华中、华南、西南等地区，所以中国是虎的故乡，华夏先民早早地与虎共同生活在同一片广阔大地上。

自远古时代起，在与自然的相处中，先民们就已经认识了虎这一体型庞大、皮毛华丽、雄健威猛的自然界强者。虎的形象勇猛威武，拥有强大的力量，位于生物链的顶端，为彼时弱小的人类所恐惧和敬畏，并成为古代先民们的信仰崇拜物和部落象征物。我国的考古遗址中，曾出现过虎骨骼遗存。在河南濮阳西水坡遗址出土的、约6500年前的墓葬中，有用蚌壳摆塑的虎形图案；在距今约5000年前的阴山岩画中，有孤虎图形，也有群虎图形。这些史前遗存，反映出早期人类与虎的接触和对虎的认识。《史记·五帝本纪》载，黄帝"教熊罴貔貅貙虎，以与炎帝战于阪泉之野"。黄帝军队里的"虎"，有可能即是以虎为图腾的氏族。

在斗转星移的悠悠岁月中，虎从山林走进人类的生活，被赋予了丰富的内涵。虎成为中华民族的文化组分之一，参与到中华文明和文化的构建进程中。祖先们以器物和传说为载体，留给后世不少关于虎的记忆。虎的图形和纹样在先秦的石器、玉器、青铜器中大量出现，给人以神秘震慑的视觉效果。商代乐器虎纹石磬上刻有一只张口扑食的凶猛老虎，形简意丰。商代尊崇鬼神，音乐艺术发达，常用于祭祀，将虎的形象装饰在重要的礼乐之器上，可见虎在商代信仰和礼仪中的地位。虎是青铜器纹饰中的重要母题之一。商代的后母戊鼎和龙虎纹青铜尊，都饰有猛虎食人纹，体现出虎的矫健凶猛和对于人类的绝对优势。西周礼器青铜虎鎣的流管上，塑有一只姿态矫健的卧虎，虎目圆睁，虎口大张，虎尾上卷，以强者的姿态象征统治者的权势和威严。

随着历史的发展和时代的推进，人们对虎的认知和对虎形象的应用也在扩展。在礼器、符印、仪仗中随处可见的虎，更是军队的象征、猛将的代称、代表星宿的神兽和主掌战伐的神明。

《尚书·牧誓》载武王伐纣，据称有"虎贲三百"；《周礼》中记载有官职"虎贲氏"："虎贲氏掌先后王而趋以卒伍。"唐代李白在《司马将军歌》中写道："扬兵习战张虎旗，江中白浪如银屋。"在军队和帝王仪仗中，常见有飞虎旗、白虎旗等旗帜。古人崇尚虎的威猛和力量，将调兵遣将、代表兵权的兵符信物制作成虎的形状——虎符。虎符尺寸小巧，单手可握，分为左右两半，中央与统帅各持半符。调发军队时需持符验对，符合才能出兵。这种发兵制度起源于春秋战国时期，史书上多有记载虎符使用的实例。《史记·魏公子列传》中著名的信陵君"窃符救赵"故事流传千古，一枚小小的虎符，牵动着国家和人物的命运。中国国家博物馆馆藏的"堂阳侯"虎符，保存几近完好，背部有工整的错银铭文，剖面构造清晰，左右两片仍然能像两千多年前那样开合，直观地展示出虎符的样貌和功能。

在中国古代星象学中，人们将天上的星座分为二十八宿，分别归属东方苍龙（青龙）、西方白虎、南方朱雀、北方玄武四象。《礼记·曲礼上》云："行前朱鸟而后玄武，左青龙而右白虎。"白虎坐镇西方，被视为战伐之神。虎在中国人的想象和观念中具有了神性。在一些谶纬之书中，白虎还是代表祥瑞的神兽，会在有"圣王"和美德的时候出现在世间。在汉代的许多器物和建筑上，铜镜、瓦当、汉画像石……都能看到虎的身形。例如，东汉时期的陶制瓦当，以昂首阔步、气势威严的白虎为图案，可能意在以白虎之神威镇守府宅。

以虎为造型和图案的服饰佩物、生活用具、建筑构件，在人们的日常生活中多处可见，既发挥着实用功能，又颇具艺术感和审美价值；既有信仰和礼仪的成分，又是日常生活的装点。以小件玉石雕琢的玉虎，自商代便已出现，起初造型简约，以意取胜，后来逐渐追求"形"的写实，强调虎的主要特征。西汉的错金银虎形带钩，钩体被设计成一只昂首阔步的老虎，气韵生动。虎身以错金银工艺镶嵌形状各异的金银片，利用金属的不同光泽，来表现老虎华丽斑斓的皮毛。老虎的尾巴卷曲呈钩状，用于钩系束带，设计巧妙，在审美和实用之间达到了完美的平衡。三国时期的铜质镂空龙虎纹投壶，颈部细长，腹部扁圆，壶腹与圈足均饰镂空龙虎纹，端庄之余又有精美剔透之感。投壶源自射礼，是流行于我国古代的一种投掷游戏，也是一项礼仪。《礼记》有"投壶"篇，古人注说："投壶者，主人与客燕饮讲论，才艺之礼也。"投壶游戏在春秋战国时已经出现，有主持和奏乐，宾主从容有序，讲究礼节。三国时期魏国文士邯郸淳撰《投壶赋》，形容其壶"厥高二尺，盘腹脩（修）颈，饰以金银，文以雕镂"，其形制正可与存世文物互为印证。具有游牧民族装饰风格的西汉虎纹圆形金牌饰和辽金元时期以狩猎生活为题材的"秋山玉"，则反映出虎在多个民族的文化之中留下的印记。

在古代典籍和文学作品中，蕴藏着大量与虎有关的典故和文化阐释。《易》中有"大人虎变"、《礼记》中有"虎食田豕"，彰显了虎在中国传统文化里的独特地位。虎更被充满想象力的古人赋予了浪漫姿态和神话色彩，不仅是象征威严和力量的猛兽，也是镇恶除凶的瑞兽。虎是仙人麾下的灵兽，"虎鼓瑟兮鸾回车，仙之人兮列如麻"。虎也是能辟邪镇宅的守护神，"虎者，阳物，百兽之长，能执搏挫锐食魑魅者也"。西汉王充所著《论衡》引《山海经》说："沧海之中……有二神人，一曰神荼，一曰郁垒，……恶害之鬼，执以苇索，而以食虎。于是黄帝乃作礼以时驱之，立大桃人，门户画神荼、郁垒与虎，悬苇索以御凶魅。有形，故执以食虎。"东汉应劭的《风俗通义》中说官员在除夕"画虎于门，……冀以卫凶"。在文学作品中，虎也是常客，既有"金戈铁马，气吞万里如虎"的豪情万丈，也有"白虎摇瑟凤吹笙，乘骑云气吸日精"的神逸潇洒。此外，汉语中有不少带有"虎"字的词语，如虎师、虎将、虎威、虎步、虎躯等，这些词语多用于比拟勇猛善战之士，更彰显出人们对强大力量和昂扬斗志的推崇。先民们心灵世界中对自然力量的认知变化，和渴望为己所用的态度，也在丰富的物质和精神文化遗存中得以显现。

民间认为虎能祛邪辟灾，保佑康宁。虎的形象出现在枕头、玉佩这类贴身使用的生活器物上，表达出人们驱除邪祟、保佑平安的心愿。南朝梁陶弘景在《本草经集注》中曾说："虎头作枕，辟厌恶。"故而将枕头制造成虎的形状，成为中国人的一种生活习俗。金代的黄釉黑彩题诗虎枕，色彩鲜明写实，刻画出一只威风的卧虎，却在张目露齿的老虎背上题了诗句："白日驼经卷，终宵枕虎腰。无人将尾蹈，谁敢把须撩。"戏谑口吻与猛虎姿态对比强烈，妙趣横生，仿佛这只老虎是日常生活的好伙伴。清代的白玉兽面纹钺形佩，构思奇巧，上部雕一立虎，虎的额头上阴刻"王"字，下部为一兽面纹玉钺。《广雅》载"钺，斧也"。民间以虎为百兽之王，具有祥瑞富贵之意。此佩借用"斧"与"府""福"谐音，"兽"与"寿"谐音，搭配在一起，意为"府（福）上有寿"，让小小的玉佩拥有了更为丰富的吉祥寓意。在这些器物上，虎的威风不减，又增加了平和亲近之感。

虎具有灵性，能够伴人左右，施加保护之力，带来幸福生活，这种美好的想象，符合中国人追求自然和谐与和平安康的生活目标，亦含蓄地反映出中华民族传统性格中包容、向善的精神特质。直至今日，虎的形象在中国人的生活中仍处处可见，人们在春节时贴虎门神，让婴儿戴虎头帽、穿虎头鞋、睡虎头枕，以求镇邪祈福，家宅安宁。虎还是十二生肖之一，代表着强健、勇猛、威风凛凛、活力四射等品质，为人们所喜爱。

虎本是自然界的猛兽，在中华民族历史悠久的虎文化和千姿百态的虎文物中，这位山林之君、百兽之王渐少杀伐之气，而增瑞兽之祥。其形象演变的背后，反映出中华民族丰富多彩的心灵面貌、与时俱进的认知态度，以及和谐圆融的精神追求。

参考文献：

1. 盖山林：《阴山岩画》，北京：文物出版社，1986年。
2. 孔安国传、孔颖达疏：《尚书正义》，北京：北京大学出版社，2000年。
3. 罗述金：《中国虎的概况》，《生物学通报》2010年第1期。
4. 欧阳询：《宋本艺文类聚》，上海：上海古籍出版社，2013年。
5. 司马迁：《史记》，北京：中华书局，1959年。
6. 孙德萱、丁清贤、赵连生、张相梅：《河南濮阳西水坡遗址发掘简报》，《文物》1988年第3期。
7. 陶弘景：《本草经集注》，北京：学苑出版社，2013年。
8. 田率：《虎鋚说略》，《文物》2019年第6期。
9. 王充：《论衡》，北京：国家图书馆出版社，2019年。
10. 应邵：《元本风俗通义》，北京：国家图书馆出版社，2019年。
11. 张揖：《广雅》，北京：中华书局，1985年。
12. 郑玄注、孔颖达疏：《礼记正义》，北京：北京大学出版社，2000年。
13. 郑玄注、贾公彦疏：《周礼注疏》，上海：上海古籍出版社，2010年。

瑞虎佑安

二〇二二
新春展

关于新春展空间设计的思考
以中国国家博物馆『瑞虎佑安——二〇二二新春展』为例

孙祥　中国国家博物馆

春节是中华民族的传统节日。节日是历史和文化传统的积淀和再现，是一个国家和民族的文化认同，凝聚着民族精神。各大博物馆在欢度春节时会相应推出贺岁展，即新春展，其办展频率相对固定，展览内容覆盖面比较广。关于中国国家博物馆（下文简称"国博"）新春展的展陈设计，笔者基于经验和对主题的理解做一个关于新春展空间设计的小结，与大家进行交流。

一、新春展设计思路

春节是一个牵动着亿万人心的传统节日，展览空间的设计营造要与传统节日相结合。如何利用空间表达出精神韵味与节日气氛，使内容与空间紧密结合，观者能够沉浸其中，从多维度感受到新春展的传统气息与文化氛围是设计需要解决的问题。

1. 传统习俗

宋代王安石描写春节的诗《元日》中就有燃放爆竹的景象："爆竹声中一岁除，春风送暖入屠苏。千门万户曈曈日，总把新桃换旧符。"[1]春节期间，燃放爆竹烟花是从古代就传承下来的习俗，这种习俗在展厅内的入口处就有体现（图1），观众刚进入这个展览空间就能感受到这是一个与春节主题相关的展览。

展览以红色为主色调，渲染过年的氛围（图2）。在山顶洞人时期，人们已经能够熟练地使用赤铁矿为颜料，将装饰品染成红色。汉代崇尚火德，表现在色彩上为崇尚红色。[2]红色的使用历史悠久。我们平时所说的"红白事"中红色代表喜事，白色代表丧事。红色是代表喜庆、受欢迎的颜色，这已成为我们生活中的一种文化现象。所以红色用在新春展中是传统习俗的体现。

宋代欧阳修所写的相思词《生查子·元夕》中含有元宵节夜晚挂灯的景象："去年元

图1　展览入口处现场照片

图2 展览轴测图

夜时,花市灯如昼。月上柳梢头,人约黄昏后。今年元夜时,月与灯依旧。不见去年人,泪湿春衫袖。"[3]描写的环境恰是正月十五,也是春节年俗的最后一个重要节令,这天大街小巷都会如春节当天那样张灯结彩。

中国灯笼又统称为灯彩,是一种古老的民族传统工艺品,起源于西汉时期,距今已有两千多年的历史。在我国各地,每年的农历正月十五元宵节前后,人们都挂起象征团圆意义的红灯笼,来营造一种喜庆的氛围。[1]灯笼在展览中的使用可以起到烘托气氛的作用。

春联是一种文学艺术形式,在门上贴春联是过春节时的标志性习俗。春联一般以对称的形式出现,与空间相呼应。在此次的展览中,春联的展陈与门结合,直观体现贴春联的传统习俗(图3)。运用展现传统习俗的元素容易将欢度春节的氛围体现出来。

图3 展览第一处门现场照片

2. 吉祥文化

春节期间的烟花、

生肖、爆竹、剪纸等是吉祥文化的一种文化符号，年年有余（鱼）这样的图案则是吉祥文化的图案体现。在中国人的社会活动中，吉祥元素的使用比较普遍，这是吉祥文化的特色；在人们的日常生活中，吉祥符号、吉祥图案无处不在（图4），这是人们追求幸福、美好生活的一种愿望的表现，是人们生活情感的记忆。

所谓吉祥即表示祥瑞喜庆、诸事如意。这两个字最早见于《庄子·人间世》"虚室生白，吉祥止止"句。唐人成玄英注疏说："吉者，福善之事；祥者，嘉庆之征。"所谓吉祥纹样就是把美好的故事和喜庆的征兆绘成图像，用来求吉驱凶。这些吉祥纹样的题材和构图，均有"福善之事"和"嘉庆之征"作为创作的素材，明清时期这一艺术形式越来越趋于成熟，达到了"图必有意，意必吉祥"的鼎盛阶段。[5]

贴福字（图5），是过年最常见的祈福形式之一，人们将"福"字贴在多处，比如门上、墙上、工具上，这是人们在企盼福气的到来，是吉祥文化的体现。展览空间中也运用了"福"字以增加氛围。

曲波《桥隆飙》十九云："俗语道：'瑞雪兆丰年'，明年的小麦一定收成好。""瑞雪兆丰年"预示着来年是丰收年，展厅采用了这个大的设计概念，并与展览的吉祥寓意贴合。展厅空间颜色不仅在平面上有区分，内外也有区分，这样丰

图4　雍正青花福禄万代纹橄榄瓶（含葫芦纹样展品）　　图5　展览含福字墙面现场照片

富了空间的层次。展厅内局部地面与墙体上部被处理成了白色，并伴有动态的雪花，营造了一个春节冰雪天的氛围。

门两侧的墙面上飞着雪花，映衬着瑞雪兆丰年的主题。进入院中，迎面而来的

是飘洒的雪花随风落下，雪在下，风在吹，人在走，动态画面自然而生，移步易景，亦观展亦看景。红色灯笼与雪白顶部的搭配体现着国人美好的憧憬，给展厅带来了过年的味道，吉祥的味道与过年的热闹融合在了一起。

二、新春展空间概念

1. 隔而未断

展览的空间设计语言需要对展览主题进行解读，并传递给观众，这样才能让观众更好地理解展览主题。"瑞虎佑安——二〇二二新春展"展厅空间以传统多进式院落的形式来体现中国传统中家的概念。

多进院落的形式，活用了"五福临门"这个词，共设计五个门（图6—11），形态各异，有院门、月亮门、抽象的门，都是中国传统文化中的意象，这样空间就产生了变化，从空间形式上讲展览内容便与空间形式恰当地结合起来。门作为建筑中必用的元素，在人们的心中有着较高的地位，门最初是为满足人类生存需要而存在，后来逐步演化成为具有一定艺术形式的载体，作为建筑形制与等级划分的重要标识，是中国人审美趣味发展的一种体现。

墙体在展览中的使用目的是分割空间，想要隔而不断就需要借助门窗的使用，

图6 展览第一处门示意图 　　图7 展览第二处门示意图

图8 展览第三处门示意图 　　图9 展览第四处门示意图

图10　展览第五处门示意图　　　　图11　展览五处门平面示意图

空间上分开，视觉上通透，才能达到虚实相生，空间层次丰富的效果。"隔而未断"是门窗的主要特点。在园林造景的功能上，门窗"隔"的效果集中体现在视线的引导与延续，以及主宾角色的分化上。苏州园林中，正是由于门窗"隔"的特点，才使得被限定的空间产生彼此的联系，并通过远望、近观等观察手段建立空间的延续性。[6] 合院与门的结合使空间延绵不断、抑扬顿挫。本文所说合院主要是指围合起来的开场空间与围合起来的院落形式，一种家的意象。

展览整体空间使用了中国传统的合院形式，这种形式遍布中国大江南北。从设计语言来讲，合院形式的空间的性质、空间审美、空间的意境是符合新春展览的空间需求的。

2. 围合聚气

在中国，合院的形式是一种常见的民居形式，是建筑文化的典型代表。中国南北方的合院形式都属于外实内虚的布局。合院式住宅的院中围墙起着划分虚实空间、围合界面的作用，具有四面围合的向心性，创造出独立的虚空间，传统民居与官式建筑都多用此形式。合院围合目的就是"聚气"，设置影壁也是为了达到顺气、界气的目的，象征着凝聚力。

"礼"是儒家思想中不可或缺的部分，中轴对称与礼制秩序思想有着密切关系。中轴对称是中国空间标准的营造方式（图12—15），代表中国传统的居住文化，代表家的文化、国的文化。家国同构也是中国传统文化的体现。展览空间运用居住形式体现家的空间概念，以小见大来体现全国人民欢度春节。

展览空间不仅要找到传统文化作为支撑，还应该有具体的细节。以展品的展托形式为例，瓷器使用亚克力展托，顶部灯光与底部灯光透过展托同时照亮瓷器（图16），清楚展示瓷器形状与瓷器上的精美图案；青铜器与玉器使用多层展托显示展品的贵重，金黄色的展托与玉器展示（图17）让人联想到"金玉满堂"这个词语。展

图 12　展览馆藏瓷器轴对称布局现场照片 　　图 13　展览馆藏青铜器轴对称布局现场照片

图 14　展览馆藏书画轴对称布局现场照片 　　图 15　展览馆藏玉器轴对称布局现场照片

图 16　展览瓷器区域现场照片 　　图 17　展览玉器区域现场照片

厅内出现的展陈形式，既有文化性又有其功能性，也是这一主题展览应该思考的。

3．张弛有度

展览展品布局根据展览内容进行合理安排，便于观众欣赏（图18—20）。"瑞虎佑安——二〇二二新春展"布局中的展品，分为馆藏展品与征集展品（书画），

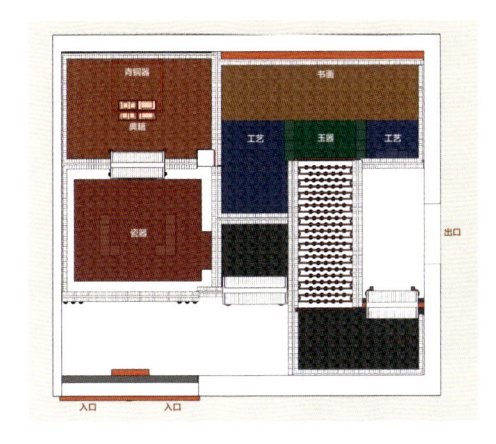

图18 展览馆藏品布局平面示意图 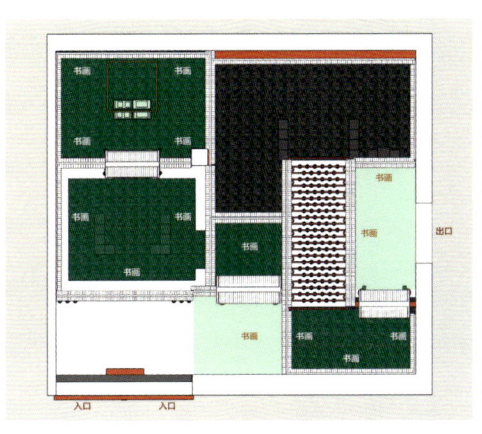　　图19 展览征集品布局平面示意图 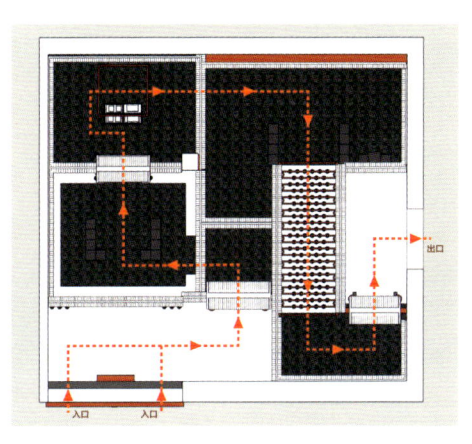　　图20 展览参观动线示意图

按空间区域定位，画作上墙，器物入柜。本次展览的展品按照材质寓意在空间中做了分区。

进入展厅后即可看到书画，开门见山。器物要进了合院后才能看到，首先看到的器物为瓷器，多为瓷瓶，意为平平安安，在轴线两侧集中均匀布置有吉祥寓意的瓶，是为张；外侧有对虎年文化解读的书画，是为弛，此为局部区域内的张弛关系。穿过瓷器空间便是以青铜器为主的空间，如虎鎣、错银"堂阳侯"虎符、错金银虎形带钩等。曾在英国被拍卖的圆明园文物青铜"虎鎣"于2018年12月11日正式入藏国博，这次展出观众可一饱眼福。走过中轴对称的青铜器空间是馆藏书画与玉器空间，展示古代文人对春节文化的解读。青铜器空间相对于书画空间即为张，反之即为弛，此为区域间的张弛关系。从整体看空间，有展品的空间即为张，廊道无展品空间即为弛，空间内与区域间都体现了张弛有度的关系。

穿过三部分器物空间，仍然可以观赏到展览征集的书画作品。漫步在展厅中，顺畅的参观动线也给观众带来了张弛有度的愉悦感，让观众感受着虎文化的博大精深与延绵不绝。

4. 连廊呈春

合理的布局，不能缺少人们对美的追求。廊文化在中国传统文化中传承历史久远，也是不可或缺的设计元素。廊是建筑物的附属构建物，它本身具有功能性，廊可供休息与观赏使用，具有增强风景空间层次的作用。最初主要起连接作用，后演变为起休闲观光的作用，廊道不仅在园林中常用，还常用在传统居住形式中使用，例如北京四合院中的抄手游廊即为廊道文化在居住中的使用。

廊不只发挥景观的作用，就像哲学中所讲的，任何事物都不是独立存在的，廊

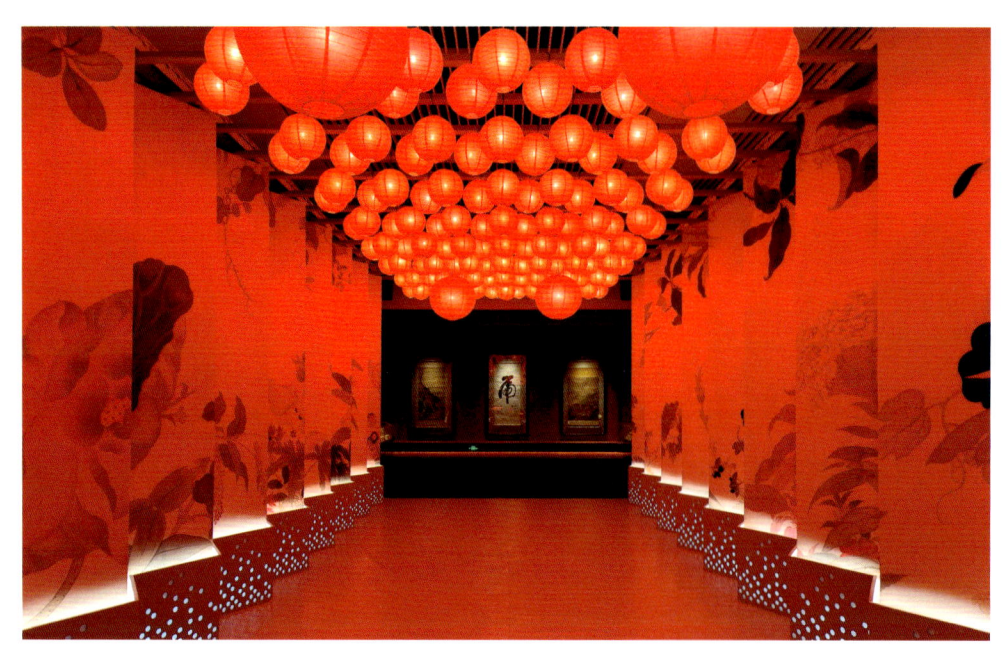

图21　展览廊道现场照片

也是如此，它也与建筑、哲学、美学、文学相关。廊道的使用既丰富合院的空间形式，又能体现安居乐业的中国传统居住文化。廊的观景展示功能恰是展览空间形式表达春的意向的重要手段，呼应贺新春展览的主题（图21）。

三、新春展生肖文化

1. 虎虎生威

十二生肖又叫属相，起源与古人的动物崇拜有关，是十二种动物的形象代表，分别是鼠、牛、虎、兔、龙、蛇、马、羊、猴、鸡、狗、猪。生肖文化在我国源远流长，每个中国人都与生肖文化密切相关，是传承得较好的文化遗产之一。十二生肖是一种非物质文化，早已融入人们的日常生活中。春节期间，生肖文化更是对弘扬中国传统文化起到重要的推动作用。今年是2022年，壬寅虎年，与新年相关的活动也大都和虎相关，所以各大博物馆出现了很多虎年贺岁展。国博也推出了自己的展览"瑞虎佑安——二〇二二新春展"，在2022年1月19日正式与大家见面。

虎年春节期间，每个家庭以及整个国家都沉浸在虎年春节的氛围中。人们期盼着平安健康、希望孩子生龙活虎、人人如虎添翼、虎虎生威……春节凝聚着人们对牛肖的特殊情感。虎是百兽之王，有威严与权力的象征，被认为能够消除灾祸与驱除邪恶；在生活中常用虎头鞋、虎头帽给儿童穿戴，期望孩子能够健康成长，是传统文化一脉相承的美好祝愿。展览中《东北虎》特种邮票与《雄威舞骤雪》粉彩瓷盘图案之中都使用了逼真的老虎形象，体现出人们对老虎的喜爱。虎纹是我国历史上出现较早和沿用时间较长的中国传统纹样，比如用在青铜器、玉器、瓦当等处。虎文化源远流长，经过漫长历史的发展，崇虎意识逐渐成为中华民族的共同的文化观念。从图腾到美好愿景的寓意都有虎的身影，"瑞虎佑安——二〇二二新春展"便是围绕着虎文化进行呈现的，观众参观展览便可以感受到虎虎生威。

2．展品丰富

每个博物馆都有自己的馆藏，新春展在自己的馆内举办，使用自己馆的藏品进行筹划，一方面带给观众虎文化相关知识，增强文化自信，另一方面促进藏品信息与公众更有效的交流，是让文物活起来的具体体现。国博馆藏丰富，门类众多，现有藏品数量140万余件，涵盖古代文物、近现代文物、图书古籍善本、艺术品等多种门类。"瑞虎佑安——二〇二二新春展"展出了百件展品，含有五十余件馆藏品和四十余件征集品，馆藏品精选了瓷器、青铜器、书画、玉器、典籍等多种门类。

举例来讲，展览中的馆藏品，有乾隆款釉里红花果纹葫芦瓶（葫芦样式有"福禄万代"之寓意）（图22），青铜虎鋬（流管饰卧虎形象，可能为祭祀、宴飨等典仪中用器）（图23），翁同龢草书"虎"轴（晚清重臣翁同龢属相为虎，一生对"虎"字情有独钟。此草书"虎"字中堂为翁氏晚年所书）（图24），十二生肖主题剪纸（图25），从丰富的展品中便可感受到虎文化的独特魅力。

图22　清乾隆　釉里红花果纹葫芦瓶　　图23　青铜虎鋬

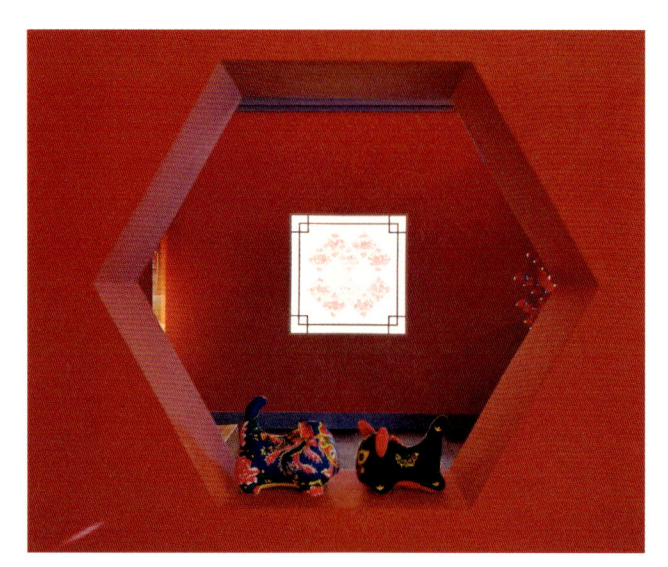

图24 翁同龢 草书"虎"轴　　图25 透过窗的十二生肖主题剪纸现场照片

四、结语

新春展是每年春节期间的文化盛宴，寄托着人们美好的希望，增添了过春节的气氛。策划展览时需要基于历史、礼制、信仰、艺术、文化、生活等方面来考虑，让展览形式设计有根可循。基于生肖文化，从传统习俗、吉祥文化、礼制文化、家国同构出发的设计思路更适合新春展，便于新春展空间语言的表达。新春展有它本身的特点，在这里对新春展相应思路的介绍是简短的，但希望通过笔者对新春展的一点讨论，达到抛砖引玉的效果，解决一个怎样思考类似展览的问题，让相关工作者在以后的设计中能抓住传统文化精髓，设计出更好的贺新春展览的空间形式。

注释：

1. 张鸣：《宋诗选》，人民文学出版社，2007年，第160页。
2. 黄强：《中国服饰画史》，百花文艺出版社，2007年8月第1版，第010—011页。
3. 程浩平：《新课标高考古诗词鉴赏词典》，世界图书出版西安公司，2005年，第225页。
4. 《中国传统文化——中国灯笼》，《工会信息》2017年02期。
5. 周蓓、兰涵旗：《明清时期瓷器吉祥纹样研究及其历史演变》，《科技信息》2007年24期，第11页。
6. 刘宇、张权：《苏州园林中门窗的形态艺术与理景手法》，《艺术教育》2015年09期，第30页。
7. 尹孟泽：《浅析中国传统园林中的廊文化》，《艺术科技》2016年04期，第318页。

瑞虎佑安

二〇二二新春展

『瑞虎佑安——二〇二二新春展』视觉体验设计创新

郭青　中国国家博物馆

"新春展"是"文物展示"与"节庆氛围"相融合的综合性文化展览。与一般的文物展览相比，"新春展"在保证展品陈列效果的基础上，还需富含节庆元素以强化仪式感。"瑞虎佑安——二〇二二新春展"的视觉体验设计聚焦文博信息呈现、节庆氛围营造和"虎"文化集中展示，从系统性、文化性和仪式性等层面进行创新，探索效果突出、变化丰富、气氛浓郁的"新春展"设计模式和路径。

一、系统性层面

构建视觉形象体系。"瑞虎佑安"展的视觉设计重点强化了主视觉和辅助图形的体系构建，以便更好地联结相关的展示内容。主视觉部分以考究的文字、图形组合来表达展览的综合意象。标题字体劲健而敦厚，突出"虎年"特征，兼具力量感与文化性。文字排布稳而不僵，结合具有空间感的图框、纹饰在仪式性中增加细节变化，营造欢庆新春的祥和氛围。主视觉的图文组合既可聚合应用，又能扩展成为载体框架，具有广泛的适用性。从形象墙到印刷品再到展览的各处节点，主视觉的应用一以贯之，通过元素尺寸和间距结构的变化，在整体性中建构视觉的丰富性。辅助图形的元素来自展品文物，图形的使用依循三个层级不断延展，形成连续而富于节奏变化的视觉脉络（图1）。在形象墙和请柬、海报设计中，辅助图形作为重要的符号强化了主题传达，在具体展陈节点中辅助图形则作为视觉肌理出现。除印制在多种介质表面外，辅助图形还应用于照明处理和诸多细节处的造型，平衡了不同距离的观展效果，提升了展览的品质感（图2）。

图1　展览主视觉海报　　图2　展览请柬

完善空间色彩关系。节庆氛围是一种多维度的场域体验，涉及从空间环境的色彩、造型到人们的服饰、器用等多个方面。"瑞虎佑安"展的色彩使用遵循整体性原则，在不同展览板块中通过调整主、辅色的组织方式，强化空间色彩的衬托作用，突出展览内容和信息的呈现效果。展览色彩应用以宫墙红、砖灰为主色，搭配金色、正黄、牙白、石青等色彩，针对青铜、玉器、书画等不同类型的展品塑造多种针对性色彩环境，取得了比较理想的展示效果（图3）。色彩的使用注重契合空间和形体，在具体设计中将图形、线条作为色彩的载体，在细节处实现视觉引导并活跃局部场域内的展示气氛。空间媒介以及照明色彩的综合作用恰当地表现了展览内容，营造出适宜的整体氛围。

图3　展厅现场

二、文化性层面

转化应用展品元素。"瑞虎佑安"展充分吸收挖掘展品所包含的内容信息，通过提取转化其中具有典型性的视觉内容作为形式设计的重要支撑。针对展览中的具有代表性的小型展品，提炼应用其图形、图像，丰富展示形式，以烘托展品，增强视觉冲击力。比如选取国宝"虎鎣"上半部分卧虎的造型，将其放大并置于展龛后侧，以"大图像"为展品造势，一方面使人们能够更加清晰地观赏顶盖内铸的"自作供鎣"铭文以及精美的细节，另一方面强化了对"虎"的强大生命力的表达，展示效果更具张力（图4、图5）。另一个例子是将"双虎纹青铜印"的图像作为设计符号融合在多个展示面中，类似的元素转化应用还有很多。展品的色彩、图像元素经由视觉设计的创意构建不仅能够提升展览节点的感官吸引力，也更加强化了信息内容的表达。

图4 青铜虎鎣展柜　　　　　　　　图5 展厅内展柜陈列效果

融合节庆符号载体。"瑞虎佑安"展选取与新春主题相关的物品和符号载体融入视觉设计,这些物质性的立体造型不仅提示了新春主题,同时也作为重要的视觉设计要素与图文、照明、音视频要素共同构成了文化性的设计语言。展览入口处的互动装置是从"瑞虎佑安"的标题切换到带有绚烂烟花和喜庆爆竹声的"虎年大吉"智能显示屏幕,视听双重体验将人们瞬间带入"喜迎虎年"的氛围中(图6)。作为国家级非物质文化遗产,展厅中形色多样的布老虎是文物展品以外更为活跃的"虎元素",深受观众喜爱。同时,展览院落式的空间结构和多样的建筑元素构型,有机融合了灯笼、春联、福字、窗花等节庆符号,并配合光效、音乐、多媒体动态效果彰显出蓬勃生机与美好祝福(图7)。

图6 "虎年大吉"展厅交互投影的现场图

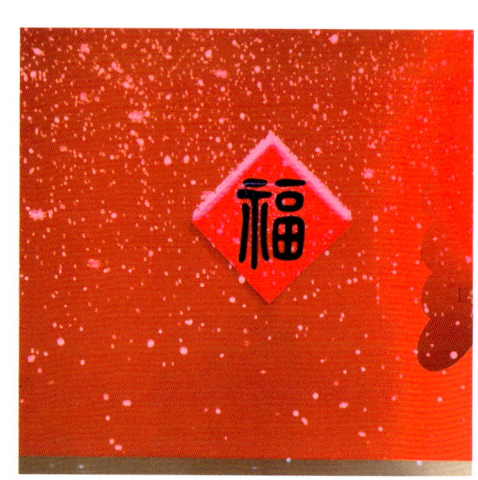

图7 展厅内节庆相关元素图

三、仪式性层面

强化空间主题氛围。为了向观众提供丰富的互动和引人入胜的参观体验，设计师根据不同主题空间的形态特征，综合采用"空"与"实"的手法，从象征性和情节性的角度入手深化视觉设计，强化空间的叙事性。例如：瓷器展区的背景墙采用表现雪花飘扬的动态智能屏幕，玉器展位以描绘节庆场面的古代绘画为背景等。设计手法还包括在不同展区和场景的过渡地带，综合搭配剪纸纱罩艺术装置，采用方形与圆形两种门洞进行空间分割等。值得一提的是，展览中设置了一条布满灯笼的走廊（图8），沿着这条走廊人们最终会进入一座传统的"院落"——"家"的空间。此空间通过多种造型的门进行分隔、重构，传达"五福临门"的吉祥寓意。每个展区在氛围和造景上多有侧重，让人们在观展的过程中，随着空间的移动和内容的推进产生不同的感受。

凸显场域功能体验。"瑞虎佑安"展采用了较为丰富的多媒体装置代替传统媒介的静态传播，让人们在充满民俗韵味的体验空间里，感受传统艺术与科技力量的结合。如何将这些体验内容有机融合到展览场域中，给视觉设计提出了挑战。视觉设计既需要引导人们关注、参与这些项目，同时也要使这些动态媒体类内容较为和谐地融入展览环境。针对展览入口处的互动装置，视觉设计通过图形符号的提示和大面积色彩的延伸来配合多感官效果的呈现；针对展区内福字与飘扬雪花的动态背景墙，视觉设计部分增加了两侧的过渡带和造型细节，使其与建筑造型基础更加和谐；在剪纸互动体验区，视觉设计主要强化了操作功能和场地区域范围的提示，促进人们驻足停留、打卡互动（图9）。在这个部分，视觉设计既是一种黏合剂也是

图8 展览廊道现场图

图9 剪纸互动区现场图

整体结构的调节器,结合不同场域中的体验项目(多媒体展项)类型,将功能性的视觉引导与氛围性的视觉设计融合,体现了不同展览区域的差异性,为人们留下虎年新春的美好记忆。

总体来看,"瑞虎佑安——二〇二二新春展"从系统性、文化性和仪式性三个层面强化视觉体验设计,打造出展示效果突出、节奏变化丰富、节庆气氛浓郁的"新春展",以具有文化性、知识性和交互性的综合观展体验,使人们在感受年味氛围的同时获得情感的升华。展览视觉设计将独特的创意与主题表达紧密结合,在实践层面针对此类展览的设计方式和优化路径进行了有益的探索。

图书在版编目（CIP）数据

瑞虎佑安：二〇二二新春展 / 王春法主编. —北京：北京时代华文书局，2022.7
ISBN 978-7-5699-4633-8

Ⅰ.①瑞… Ⅱ.①王… Ⅲ.①虎—文物—中国—图集 Ⅳ.①K870.2

中国版本图书馆CIP数据核字(2022)第121296号

项目统筹
佘 玲

责任编辑
丁克霞
佘荣才

责任校对
初海龙

装帧设计
孙风群
郭 青

中国国家博物馆历史文化系列丛书

瑞虎佑安
二〇二二新春展

RUI HU YOU AN

ER LING ER ER XINCHUN ZHAN

主　编：王春法
出版人：陈　涛
出版发行：北京时代华文书局 (http://www.bjsdsj.com.cn)
地　址：北京市东城区安定门外大街138号皇城国际A座8层
邮　编：100011
发行部：010-64263661 010-64261528
印　制：北京雅昌艺术印刷有限公司 010-80451188
开　本：635 mm×965 mm 1/16　印张：14　字数：308千字
版　次：2022年8月第1版　印次：2022年8月第1次印刷
书　号：ISBN 978-7-5699-4633-8
定　价：500.00元

如发现印装质量问题，请与印厂联系调换
版权所有，侵权必究